世界征服者
成吉思汗及其子孫

世界征服者

成吉思汗及其子孫

楊訥 著

中和出版
OPEN PAGE

目錄

前言

「世界征服者」，是 13 世紀波斯（伊朗）史學家阿老丁·阿塔蔑力克·志費尼（1226—1283）對成吉思汗及其子孫的稱呼。志費尼記述了成吉思汗及其子孫的事跡，書名就叫《世界征服者史》。稱成吉思汗家族為世界征服者，不僅在志費尼時代十分自然，即使放在人們的視野大大拓寬了的今天，也不為過分。那個時候，東起朝鮮半島，西抵波蘭、匈牙利，北至俄羅斯公國，南達中南半島，在北緯 15°—60°、東經 15°—130° 這樣廣袤的地區內，有多少個國家的土地遭到蒙古鐵騎的蹂躪。一個家族，在三代人的時間裡，竟能發動並指揮如此大規模的戰爭，這在人類歷史上是絕無僅有的。今天西方有的歷史學家稱 13 世紀是蒙古人的世紀，仍是鑑於這場戰爭的世界性規模。

這本小書要向你敘述的，就是成吉思汗祖孫三代征服活動的歷史以及這段歷史所造成的後果。篇幅有限，對 13 世紀以後的事情只能從略。

第一章

蒙古的興起

一、　統一漠北

　　公元 1206 年春，在今天的蒙古國鄂嫩河源頭，蒙古部落聯盟首領鐵木真召集他的親屬和各部貴族，舉行忽里台（大聚會）。與會者共同推舉鐵木真為大汗，尊號成吉思，由此宣告了一個國家的誕生。這個國家名「也可‧蒙古‧兀魯思」，即大蒙古國。

　　12 世紀的蒙古高原，部落林立。遊牧於鄂嫩河中上游和肯特山一帶的，是蒙古部。在蒙古部西面有篾兒乞部，再西是斡亦刺部、乃蠻部。蒙古部西南有克烈部，南面為汪古部，東面為塔塔兒部，西北有八刺忽、豁里、禿麻諸部。此外還有一些大小不等的部落。這些部落的族源、語言不盡相同，他們的社會發展水平有高有低，但大體上都從事遊牧經濟，也多已進入階級社會。在部落內部，少數富裕的家庭控制和奴役其他成員，貧窮的人則淪為依附民和奴僕。奴隸制普遍存在。部落首領實際上是世襲的，只是保留了民主推舉的形式。部落首領及其親屬，是部落的統治者、貴族。在鐵木真統一蒙古高原之前，這許多部落各不相屬，它們有時結成聯盟，有時兵刃相向。部落貴族們常常互相攻殺，部落與部落之間的戰爭連綿不斷。這些戰爭有的是為了血族復仇，更多

的是為了爭奪人口、牲畜、牧地和其他財富。鐵木真所屬的蒙古部便是在部落戰爭中逐漸強盛起來的。

根據史書記載，蒙古部傳說中的始祖名孛兒帖赤那，傳到鐵木真，已是二十三代，估計其間經歷了五百多年。蒙古部起初居住在今額爾古納河之東的興安嶺，大約在第十二代朵奔伯顏時才遷徙到鄂嫩河中上游和肯特山一帶（由於這一帶也是克魯倫河、土拉河的發源地，史家又稱蒙古部居於三河之源），時間可能在公元 9、10 世紀之交。從這時開始，蒙古世系才有信史可言。到第十八代察剌孩領忽時，蒙古部勢力有所增長，得到遼朝重視。察剌孩領忽和他的兒子想昆必勒格都被遼朝授予官號。「領忽」即令穩，「想昆」即詳穩，都是遼部族官號。令穩一名只用於遼前期，遼聖宗統和十四年（公元 996 年）改令穩為節度使，因而察剌孩領忽接受官號令穩不應晚於這一年，他的活動時間很可能是當遼聖宗在位時期（公元 983—1030 年）。由於察剌孩領忽的貴顯，他的後裔以他為始祖，稱泰赤烏氏。有的學者認為，泰赤烏一名可能源於漢語「太子」，它反映出這個氏族在蒙古部的重要地位。但是，察剌孩領忽和想昆必勒格都沒有稱汗（王）。第一個稱汗的蒙古部首領是合不勒汗，他是鐵木真的曾祖父，他的祖父是察剌孩領忽的哥哥。合不勒汗的活動時間大概是在

遼末金初，史書記載他曾殺過金的使臣，惡化了蒙古部和金
的關係。從合不勒汗蕃衍出許多氏族和分支，他的子孫被稱
為乞牙惕，即乞顏氏人。乞顏原是蒙古始祖的氏族名稱，它
在蒙古語中意思是從山上流下的狂暴湍急的洪流，用來比喻
人的勇敢、大膽和剛強。在朵奔伯顏之後，由於不斷繁衍出
新的氏族和分支，它們各有自己的名稱，乞顏一名反而湮沒
無聞。到合不勒汗時，由於他本人和兒子們的勇敢與能幹，
他們的氏族榮耀地恢復了祖先的族名。跨入 12 世紀，泰赤
烏氏和乞顏氏成為蒙古部中最強大的兩個氏族，汗的權力由
這兩個氏族分享。合不勒汗死後，繼承汗位的是想昆必勒格
之子俺巴孩。俺巴孩汗死，合不勒汗子忽圖剌被推舉為汗。
忽圖剌汗去世後，汗位又落到泰赤烏氏貴族手中。汗位在兩
個氏族間的交替更換，不可能永遠採取和平推舉的方式；汗
權的爭奪破壞了兩個兄弟氏族的和諧，不可避免地發展為武
力衝突。

　　公元 1162 年，鐵木真誕生在乞顏氏貴族也速該家中。
也速該是合不勒汗的孫子，忽圖剌汗的侄兒。他勇敢善戰，
有「把阿禿兒」（勇士）的稱號。鐵木真誕生時，也速該剛戰
勝塔塔兒人歸來，他俘獲了敵人頭目鐵木真兀格等人，便按
照古老的風俗，給兒子取名鐵木真，以志吉祥。鐵木真九歲

那年，也速該帶他去母舅的氏族求親，途中遇到弘吉剌氏人德薛禪，被德薛禪看中，把女兒孛兒帖許配給他。按照習俗，鐵木真訂親後留在岳父家。也速該歸途經過塔塔兒營地，停下來要吃喝。塔塔兒人認出他是也速該，想起昔日頭領被擄的仇恨，在食物裡下了毒。也速該到家後毒發身亡，臨終遺言叫鐵木真儘快回來。

也速該是忽圖剌汗之後的乞顏氏首領，頗得眾望，被泰赤烏氏貴族視為爭奪汗位的對手，他的暴卒使泰赤烏貴族感到高興。泰赤烏貴族乘機削弱乞顏氏，他們煽動也速該部眾撇下鐵木真一家，投向泰赤烏氏。鐵木真一家陷入孤苦困頓的境地，母親訶額侖帶領鐵木真兄弟和妹妹覓食於肯特山下，於艱難竭蹶之中謀求生存。《蒙古秘史》說：「訶額侖好生能事，拾着果子，撅着草根，將兒子每（們）養活了。」鐵木真兄弟稍長以後不負母親的辛勤撫育，在鄂嫩河邊結網捕魚，供養母親。這樣過了些年，泰赤烏氏貴族又想起鐵木真兄弟，擔心他們像雛禽幼獸那樣逐年長大，成為後患，派出人來捉拿鐵木真。鐵木真幾次遇險，甚至一度被擒。幸而他意志頑強，體格健壯，又得好心人救助，才擺脫泰赤烏人追捕，與家人重聚。隨後，鐵木真從德薛禪家迎娶了妻子孛兒帖。

在同泰赤烏人的對抗中，鐵木真想起鄰近的克烈部首領王罕過去是父親也速該的「安答」（結盟者），便帶着禮物到土拉河邊黑林裡拜見王罕，尊他為父，請求他給予幫助。王罕大喜，立即回答説：「離開你的百姓，我替你收拾；分散了的百姓，我替你完聚。」當時克烈部勢力強盛，佔地廣袤，是漠北發展比較成熟的一個兀魯思（國家）。同王罕結盟，無疑使鐵木真增添了一份力量。

不久，鐵木真又遭到篾兒乞人的襲擊。鐵木真母親訶額侖原是篾兒乞人的妻子，是也速該把她搶來的。事過二十餘年，篾兒乞人仇恨未消，尋來報復。鐵木真和母親、弟妹逃入肯特山中，孛兒帖被篾兒乞人搶走。事後鐵木真到王罕處求援，請王罕幫他奪回妻子。王罕不食前言，一口答應，而且叫鐵木真找蒙古部札答闌氏首領札木合，相約共同出兵。札木合與王罕兄弟相稱，又是鐵木真少年時代的安答，自認義不容辭。於是札木合、鐵木真、王罕與其弟札合敢不各出兵一萬，會齊後共同襲擊篾兒乞人的營地不兀剌川（今俄羅斯恰克圖南布拉河地）。篾兒乞人毫無準備，他們的首領脱脱順着色楞格河逃至巴兒忽真地面。鐵木真找回妻子，乘勝大肆殺掠。先前襲擊鐵木真一家的三百篾兒乞男子全被殺死，許多篾兒乞婦女被擄為奴婢。戰事結束，鐵木真率部在

鄂嫩河中游札木合營地駐留了一年半，先是共敘安答友情，後來逐漸產生隔閡。一個夏日的夜晚，鐵木真全家率部眾悄悄離開了札木合營地，遷到克魯倫河上游的闊闊諾爾，自建營地。

戰勝篾兒乞人，使鐵木真威信大增。他自建營地的消息傳開，蒙古部各氏族都有人來投奔，其中有地位低下的屬民和奴隸，也有在本族處於統治地位的那顏（貴族），甚至像忽圖剌汗之子這樣的乞顏氏貴族也來依靠。地位低下者希望通過新的主人改變自己的地位，那顏們則想聚合力量掠奪更多的財富。鐵木真遵循傳統，與貴族們共商大事，但他特別關注的是建立一支效忠他個人的那可兒隊伍。「那可兒」意即夥伴、伴當，他們依附於某個部落或氏族的首領、貴族個人，充當軍事侍從和家人，主要職責是參加戰鬥。他們要向被依附者宣誓效忠，被依附者則需供養他們。鐵木真早在躲避泰赤烏氏迫害時就有了自己的那可兒，現在從前來投奔的不同氏族的人中挑選忠誠、勇敢和能幹者，擴大他的那可兒隊伍。這支隊伍對鐵木真的事業起了十分重要的作用。

大約是在己酉年（公元 1189 年），乞顏氏貴族們經過商議，共同推舉鐵木真為汗。他們對鐵木真說：「立你做皇帝。你若做皇帝呵，多敵行俺做前哨，但擄來的美女婦人並

好馬，都將來與你；野獸行打圍呵，俺首先出去圍將野獸來與你。如厮殺時違了你號令並無事時壞了你事呵，將我離了妻子家財，廢撇在無人煙地面裡者。」這就是乞顏氏貴族對鐵木真汗的盟誓。此時鐵木真當為二十七歲，他的兀魯思地盤小，部眾少，物力弱，一切都很簡陋，還沒有形成一套國家機器，只具國家的雛型。他任命弟弟和那可兒們分管的職務，無非是牧羊養馬、攜刀帶箭、修造車輛、料理飲膳、守衛宮帳等等，只能滿足汗和汗的家族的需要，還做不到對全兀魯思進行行政管理。但汗的個人權力凸現出來了，氏族貴族的地位有所削弱。

　　鐵木真派人把自己稱汗的事分別告訴王罕和札木合，希望得到他們的承認。驕傲的王罕不大看重此事，以居上臨下的義父口吻表示允准。札木合本來就因鐵木真不告而辭並且引走札答闌氏一些人而心存芥蒂，現在如何能容忍鐵木真稱汗坐大。不久，札木合藉故聯合泰赤烏氏，發兵三萬進攻鐵木真。鐵木真聞訊，也起兵三萬抵禦。兩軍在答蘭版朱思之野交鋒，鐵木真不敵，退屯鄂嫩河哲列揑地面，保存了實力。隨後發生了中原的金朝進攻蒙古部東鄰塔塔兒部的戰爭，給鐵木真提供了打擊鄰敵、增強兵力的機會。

　　塔塔兒部是當時蒙古高原最著名的大部，蒙古高原諸部

之有共名「韃靼」，就源於塔塔兒，可見其名聲之大。塔塔兒部早受金朝統治，替金防護東北邊境，牽制漠北其他部落，曾多次攻擊蒙古部。在蒙古部歷史上，俺巴孩汗是被塔塔兒人擒送金朝殺害的，他遺言要後代為他報仇；鐵木真的父親也速該也死於塔塔兒人之手。因此，蒙古部人視塔塔兒人為世仇，只是由於內部衝突劇烈和塔塔兒人背後有金朝支持，復仇的願望一直沒有實現。公元 1195 年（金章宗明昌六年），塔塔兒人因故叛金。次年，金右丞相完顏襄率師北伐，在克魯倫河擊潰塔塔兒人，塔塔兒餘眾逃向烏勒扎河。鐵木真得悉，認為復仇時機已到，派人請求王罕助他夾攻塔塔兒。王罕是也速該的安答，按照習俗，「但凡做安答呵，便是一個性命般不相捨棄」，自應助鐵木真復殺父之仇，何況克烈部也曾受塔塔兒部攻擊，故而三日後王罕親自帶軍馬來與鐵木真會合。他們攻破塔塔兒營寨，殺死塔塔兒首領篾兀真笑里徒，擄掠一番。完顏襄十分高興，承制授給鐵木真「札兀惕忽里」（糺軍統領）官號，封王罕為王。王罕原名脫里，是克烈部汗，現在再封王，故稱王罕。

　　復仇的壯舉進一步提高鐵木真在蒙古部內外的聲威，他乘勢鏟除了幾個不服從他的乞顏氏貴族，還兼併了主兒乞氏。公元 1200 年，鐵木真又與王罕攜手，出兵征討泰赤烏

氏。泰赤烏氏得到篾兒乞人援助，與鐵木真、王罕部眾戰於鄂嫩河畔草原。泰赤烏氏戰敗，鐵木真部馳馬追擊，殺泰赤烏首領塔兒忽台，另兩個泰赤烏首領分別逃往篾兒乞部和乃蠻部境內。

　　鐵木真逐漸樹敵多了。公元 1201 年，出現了以札答闌氏首領札木合為首的反對鐵木真的諸部貴族軍事聯盟，參加者有蒙古部的泰赤烏、朵兒邊、弘吉剌等氏族貴族和篾兒乞、乃蠻、斡亦剌、塔塔兒等部首領。他們聚會於額爾古納河右岸的忽蘭也兒吉，共推札木合為古爾汗（意即眾人之汗），決議同伐鐵木真。鐵木真得報後主動出征，在海拉爾河地方擊潰札木合軍，諸部首領四散逃亡。次年春季，鐵木真繼續經營東部，再次攻打塔塔兒部，將它消滅，盡誅其壯男，其餘人口掠為奴婢。至此，鐵木真奪得富饒的呼倫貝爾草原，南與金朝接壤。

　　公元 1202 年秋，乃蠻太陽汗的弟弟不欲魯汗聯合斡亦剌部首領忽都合別乞、篾兒乞部首領脫脫以及過去被鐵木真、王罕擊敗後逃到乃蠻境內的諸部首領，率軍進攻王罕、鐵木真，札木合也領兵參加。兩軍大戰於闊亦壇之地（約在今哈拉哈河上游）。乃蠻聯軍戰敗，不欲魯汗退走本部，札木合等各引餘眾散去。

這次對乃蠻聯軍的作戰,是鐵木真與王罕的最後一次合作。自從鐵木真認王罕為義父、共同戰勝篾兒乞人以來,他們已經合作了十幾年,屢屢擊敗共同的敵人。但是,隨着共同的敵人減弱,王罕與鐵木真互相需要的程度也在縮小。鐵木真滅塔塔兒,是單獨行動;與之同時,王罕進攻篾兒乞,也沒有邀鐵木真參加。而鐵木真力量的崛起,眼看將造成與克烈部並峙的局面,這是王罕不願見到的。因此,他們的合作關係漸漸走向破裂。戰勝乃蠻之初,雙方也還共敘父子情誼,相互保證:「多敵人處剿捕時,一同剿捕;野獸行圍獵時,一同圍獵;若有人離間呵,休要聽信。」鐵木真還想與王罕親上加親,提出要王罕的女兒嫁給自己的長子朮赤,把自己的女兒配給王罕的孫子(古代北方遊牧民族習俗,婚配不須按照輩分)。王罕的兒子桑昆狂妄自大,一口拒絕,而且出言不遜,使鐵木真的自尊心受到挫傷。這時,離間者乘隙而入。鐵木真的宿敵札木合跑到桑昆那裡,勸說桑昆「預先除了」鐵木真。曾受鐵木真處分的乞顏氏貴族阿勒壇和忽察兒別乞等,也在桑昆面前竭力挑撥。桑昆派人把札木合等人的議論告訴王罕,王罕不聽。最後桑昆自去對王罕說:「你如今見存,他(鐵木真)俺行不當數。若父親老了呵,將俺祖父辛苦着收集的百姓如何肯教我管。」這話說中了王罕的心

事，於是同意桑昆除掉鐵木真。

公元 1203 年春，王罕父子設計請鐵木真赴宴，想乘機殺他。事泄，鐵木真不赴，王罕父子迅速發兵襲擊鐵木真。鐵木真倉促應戰，苦鬥於合蘭真沙陀地面（約在今內蒙古東烏珠穆沁旗北），初戰小捷，終以準備不足，眾寡懸殊，被敵軍擊潰。鐵木真匆促撤退，隨從者僅 19 人。他們順哈拉哈河前行，一路收集殘卒，最後清點軍馬，僅餘 2600（一說4600）人，還至統格黎小河（約在今貝爾湖東）駐紮。軍心稍定，鐵木真即派人去責備王罕背信棄義。他列舉父親也速該和他自己對王罕的種種恩德，譴責王罕易恩為仇、以兵相加，要王罕說說反目的原因。王罕同桑昆商量，桑昆說：「我正要派遣使者向他宣戰。如果他戰勝了，我們的兀魯思是他的；如果我們戰勝了，他的兀魯思就是我們的！」鐵木真也知決戰必不可免，認真進行準備，重新結聚兵力。他駐於班朱尼河（即巴勒渚納海子，約在今克魯倫河下游）時，與伴當們同飲渾濁的河水，宣誓說：「與我共飲此水者，世為我用。」以此激勵將士。這段時間裡，王罕那裡發生了一場變故。札木合、阿勒壇、忽察兒別乞想殺王罕自立，被王罕攻散，逃奔乃蠻。王罕驅走他們後，支起金帳帳，終日飲酒高會。公元 1203 年秋，鐵木真率兵從鄂嫩河上游出發，銜枚夜趨折折

運都山王罕駐地，出其不意，迅猛襲擊。激戰三日夜，克烈部士卒潰散。王罕西逃，路遇乃蠻部將，被殺。桑昆逃到西夏，靠擄掠為生，被西夏逐出，輾轉至曲先（今新疆庫車），被當地人捕殺。克烈部民幾乎全淪為鐵木真將士的奴婢。

克烈部在 11 世紀以前就建立了自己的兀魯思，人口號稱二十萬，信奉基督教。王罕祖父馬兒忽思汗被塔塔兒首領捕捉，移送金朝處死，故而克烈部人同蒙古部人一樣，視塔塔兒為世仇。王罕在少年時代吃過不少苦，《蒙古秘史》說他七歲時被篾兒乞人擄去春碓，十三歲時又被塔塔兒人擄去放牧。王罕父忽兒察忽思汗有子四十，王罕最長，但他的汗位卻是在殘酷激烈的內爭中取得的；在爭奪汗位的過程中，曾得到也速該的幫助，因而結為安答。由於王罕最終與鐵木真反目成仇，《蒙古秘史》強調王罕心性險惡、嫉忌好殺、反覆無常。後世的歷史著作受《蒙古秘史》影響，對王罕也有過多的貶詞。其實，王罕統治克烈部多年，在此期間克烈部總的說是強盛的，王罕本人也時常馳騁沙場，可見他並非昏庸無能之輩，否則就不好解釋鐵木真何以十多年間一直依託與王罕結盟。此外，如果說統一蒙古高原是當時的歷史進步趨勢，那麼上引桑昆關於誰兼併誰的話可以說明，王罕父子統一蒙古的願望與鐵木真是相同的，雖然他們在這場競爭中是

失敗者。

克烈部的覆滅，使西鄰乃蠻感到恐慌。乃蠻是突厥語部落，其地以阿爾泰山區為中心，西至額爾齊斯河，北接吉爾吉斯，西南隔沙漠與畏兀兒為鄰。他們文化發展較高，受畏兀兒影響。在鐵木真與王罕結盟時期，乃蠻一直與他們為敵，不僅幾次出兵攻伐，而且常常接納敗給王罕、鐵木真的其他部落首領。乃蠻國王太陽汗性格柔弱，除放鷹打獵之外，沒有別的本領，又不了解國外情形。他自以為能戰勝鐵木真，派使臣去約汪古部首領阿剌兀思剔吉忽里夾攻鐵木真。阿剌兀思剔吉忽里將使者縛送鐵木真，提醒鐵木真防備乃蠻來攻。當時鐵木真正在帖麥該川地面圍獵，聞報後決定主動出征，行前又對部屬作了一番整頓。公元 1204 年夏，鐵木真揮師西行，溯克魯倫河而上。那邊太陽汗率兵東來，營於杭海嶺北合池兒水（今哈瑞河），會合篾兒乞部首領脫脫、斡亦剌部首領忽都合別乞、克烈部的阿憐太師、札木合以及朵兒邊、合答斤、塔塔兒、散只兀等殘部，共同討伐鐵木真。這是繼太陽汗之弟不欲魯汗之後由乃蠻組織的第二次聯軍，為首的有不少是當年王罕、鐵木真手下敗將，事隔兩年他們毫無長進，仍是一幫烏合之眾。而鐵木真軍隊在滅亡克烈部之後又經過一番休整，正是銳氣方盛。兩軍在薩里川相遇，

札木合一眼看出對手氣勢更勝於往日,未等交戰即引所部兵
遁走。鐵木真故佈疑陣,令每人燃五堆篝火,以壯大聲勢。
原本輕敵的太陽汗此刻變得疑懼不安,其子屈出律和大將火
力速八赤則勇悍有餘,智謀不足。激戰僅一日,乃蠻軍大敗,
太陽汗被擒殺。屈出律逃跑。次日,朵兒邊、合答斤、塔塔
兒、散只兀殘部投降。鐵木真乘勝進兵阿爾泰山,征服太陽
汗所屬乃蠻部眾。秋後,鐵木真北向攻服篾兒乞部,脫脫等
投奔太陽汗弟不欲魯汗。

　　在乃蠻,鐵木真俘獲畏兀兒人塔塔統阿,他原來替太陽
汗掌管金印和出納錢糧,從他身上搜出金印。鐵木真問他金
印有何用,塔塔統阿回答說:「出納錢糧,委任人員,都要用
印為憑證。」鐵木真稱好,就把塔塔統阿留在身邊,此後再
下命令就用印章,仍由塔塔統阿掌管。蒙古諸部本無文字,
鐵木真就叫塔塔統阿用畏兀字錄寫蒙古語,並叫他教諸子、
宗王認寫,漸漸形成了蒙古文字,一直沿用下來。

　　1205 年夏,鐵木真派兵入侵西夏,破力吉里寨,將寨
牆和牆基全部平毀。然後攻入經落思城及附近地區,大肆劫
掠。這次行動的目的似乎就是為了抄掠財物,他們很快撤
出,擄回大量牲畜、物資。

　　大約就在這一年,鐵木真處死了自己少年時代的安答札

木合。札木合自從公元 1189 年同鐵木真完全決裂以後，多
次組織或參加反鐵木真的戰爭，儘管屢戰屢敗，他並不吸取
教訓。最後眾叛親離，他在唐努山中被身邊的五個那可兒縛
送鐵木真。他叫人對鐵木真說：「對於敢抓自己主人的那可
兒，你看該怎麼辦？」鐵木真說：「對於敢抓自己主人的人，
不能留他活命，連他們的子孫一塊殺了。」於是當着札木合
的面把這五個那可兒殺了。按當時習俗，殺自己的安答是不
吉的，故而鐵木真想留札木合繼續「做伴」。他派人告訴札
木合，札木合回答說：「我們從小結做安答，一塊吃過不好
消化的東西，說過不能忘記的話語。後來我們受人挑撥，所
以分開了。想起過去說過的話，我很羞愧，故而不敢同你見
面。當初我們可以做伴時，我沒有做；現在你收服了那麼多
百姓，定了大位，我怎麼同你做伴呢？你要是不把我殺了，
就像衣領上生了蝨子，小衣襟裡戳着刺一樣，你會日夜不安
的。你母親聰明，你又俊傑，弟弟們能幹，伴當們豪強，還
有七十三匹騸馬。我從小父母雙亡，又沒有兄弟，妻子話多，
伴當不可靠。你有上天護佑，所以勝了。現在讓我快死，你
可以心安。如果你能讓我不出血死去，我死後永遠保護你的
子孫。」札木合的話很質樸，如實地說了自己的想法。那時
的蒙古人還沒有文字，更說不上念書，所以說話不加文飾，

不繞彎子。札木合戰敗了，並不惜命乞活，的確有點古代人類歷史上英雄時代的特色。究竟怎樣處置札木合，鐵木真很費了些心思：讓他活着，他不肯；要他死，占卜又不行；札木合是出了名的人，必須找個理由才能殺掉。考慮再三，還是按札木合本人要求，賜他不出血而死，依禮厚葬了。蒙古人信珊蠻教（即薩滿教），相信人的靈魂附在血上，故而不出血死被認為是好死。

這年（公元 1205 年）鐵木真四十四歲。自從九歲（一說十三歲）喪父，經過三十年艱苦奮鬥，他終於削平群雄，把漠北統一在自己的旗幟下。

二、 蒙古國家的建立

公元 1206 年，鐵木真樹起九腳白旄大旗，即大汗位。當時有個晃豁壇氏族人闊闊出，是珊蠻巫師，自稱能與上天通話。忽里台舉行期間，他以上天的名義對鐵木真說：「如今，被稱為古兒汗的這個地域上的君主，已被你一手征服，你已取得了他們的領地，你可以像他們那樣採用一個同樣意義的尊號 —— 成吉思。成吉思啊，你是最高的君主。最高的主命你採用成吉思汗的稱號。」於是，與會的貴族們共同擁

戴鐵木真為成吉思汗。「成吉思」的原義究竟是甚麼，歷來
眾說紛紜，近人多數認為它源於突厥語，意為海洋。成吉思
汗建立的國家名為大蒙古國。過去「蒙古」只是大漠南北眾
多部落中一個部落的名稱，現在成為漠北各部落的共名，這
意味着統一的蒙古民族共同體的形成。今天分佈於不同國家
的蒙古人，都認成吉思汗為本族的始祖，其感情之熾烈，遠
甚於漢族之於炎、黃。由於習慣，大蒙古國建立後，周圍國
家仍稱他們為韃靼，或以蒙古、韃靼兩名相合，稱「蒙韃」。

　　成吉思汗即位後，立即對功臣、貴戚論功行賞，授封領
地。他把全蒙古國的百姓分做九十五千戶，分別授給各個功

成吉思汗

臣、貴戚,封他們為千戶那顏,世襲管領其地。各千戶的實際戶數並不一致,其下分為若干百戶,百戶下為十戶。少數千戶是由同一族屬的人組成的;多數千戶的人戶來自不同族屬,他們是其千戶那顏在戰爭時期逐漸收集的,或是成吉思汗授與的。千戶既是基本軍事組織,也是地方行政單位。國家按千戶徵派賦役、簽發軍隊。所有民戶都被固着在本管千戶內,向國家承擔義務。成吉思汗規定:「人們只能留在指定的百戶、千戶或十戶內,不得轉移到另一單位去,也不得到別的地方尋求庇護。違反此令,遷移者要當着軍士被處死,收容者也要受嚴懲。」成吉思汗還封了幾個萬戶,他們以軍事統帥的身份各管若干個千戶。當時在蒙古全境實行兵民合一的制度,15歲至70歲的男子均須服兵役,隨時聽候調遣,自備馬匹、兵器、糧草,跟從那顏出征。成吉思汗説:「萬夫長、千夫長和百夫長們,每一個都應將自己的軍隊保持得秩序井然,隨時作好準備,一旦詔令和指令不分畫夜地下達時,就能在任何時刻出征。」他又説:「十夫長不能統率其十人隊作戰者,將連同其妻子、兒女一併定罪,然後從其十人隊中另擇一人任十夫長,對待百夫長、千夫長、萬夫長們也這樣!」就這樣,成吉思汗通過嚴密而又嚴厲的千戶制度,對全國進行有效統治。

　　與實行千戶制同時，成吉思汗擴建了他的護衛軍隊伍。在古代北方遊牧地區，由於幅員遼闊、氣候寒冷，營帳隨季節的變換或戰爭的需要而遷徙，歷代君主或部落首領為防不測，都極其重視自己的隨營護衛。王罕在同成吉思汗作戰時已有護衛千人，成吉思汗在征乃蠻前也選出一千勇士，「如廝殺則教在前，平時則做護衛」，人數都不算少。成吉思汗既為大汗，便把護衛軍擴大為一萬人，其中宿衛一千人，箭筒士一千人，散班八千人。這一萬人從千戶、百戶、十戶及白身人的兒子中選出，必須是身強力壯、具有技能的。千戶那顏的兒子，許帶弟一人，帶伴當十人；百戶的兒子，許帶弟一人、伴當五人；十戶和白身人的兒子，許帶弟一人、伴當三人。所有這些人需用的馬匹、物品，除以自家的財產支付外，可按規定從本管民戶科斂供應。對各級那顏來說，派兒子充當護衛有以子入質的意思，也是對大汗承擔的一種特殊兵役。

　　護衛軍的首要職責是保衛大汗的金帳，有嚴格的護衛制度。全部護衛分為四隊，輪番入值，每番三晝夜，稱四怯薛。「怯薛」是突厥蒙古語，意思是「番直宿衛」；怯薛人員稱怯薛歹。每隊怯薛中，箭筒士、散班值日班，宿衛值夜班。入夜後任何人不得在宮帳前後走動，違反的由宿衛捕拿，次日

審問。臣下有急事稟報，須先見宿衞，由宿衞陪同入帳奏事。
這套制度，保護了大汗的人身安全。

護衞軍還要分管汗廷的各種事務，故而怯薛歹名目繁
多，有火兒赤（佩弓矢者）、雲都赤（掌刀者）、昔寶赤（掌鷹
隼者）、札里赤（書寫聖旨者）、必闍赤（書記、主文史者）、
博爾赤（司廚者）、闊端赤（掌從馬者）、答剌赤（掌酒者）、
怯里馬赤（傳譯者）、火你赤（牧羊者）、虎兒赤（奏樂者），
等等。他們的職事涉及大汗的飲食起居、放鷹圍獵以至臨朝
聽政等許多方面。在國家初建，機構尚不完備的時候，怯薛
「百執事」之官實際上履行着中央政府的職能。成吉思汗任命
他最親信的那可兒博爾忽、博爾朮、木華黎、赤老溫為四怯
薛長，合稱四傑。怯薛長與怯薛歹均為世襲。怯薛歹有時被
大汗派出處理重要事務，他們的地位高於在外的千戶那顏。
成吉思汗規定，如果怯薛歹與在外的千戶那顏發生爭鬥，拿
千戶那顏問罪。與此相應，怯薛歹家人的地位也高於在外的
百戶、十戶。怯薛歹論身份僅是汗的侍從，他們竟具有如此
特殊的地位和權力，在世界各國古代歷史上並不多見，其原
因在於他們的大汗擁有無限的絕對的權力，怯薛歹的權力是
汗權的延伸。

由怯薛歹組成的護衞軍又是蒙古國家的常備軍，擔負對

內鎮壓、對外防禦或征服的職責。大汗用它造成外輕內重之勢，可以制服境內任何叛亂。出征時，護衛軍由大汗親自統領，為大中軍。

由於史料不足，我們不清楚護衛軍所帶親屬（弟）與伴當在平時和戰時都做些甚麼。有的學者把他們也歸入常備軍，並且推算其數約五萬，加上正式護衛萬人，常備軍總數達六萬。果若如此，這支常備軍從誕生之日起就注定要從事對外掠奪。當時大蒙古國人口充其量不過一百萬左右，遊牧經濟的生產能力又那麼脆弱，單靠壓榨境內的遊牧民是養活不了六萬丁壯的。這支龐大的常備軍只有在連續不斷的對外掠奪戰爭中，才能維持自己的生存。

與千戶制、護衛制相應，成吉思汗為管理民事和司法，設立了斷事官，蒙語稱札魯忽赤。最早擔任斷事官的，可能是成吉思汗的異母弟別里古台，他的職事是「整治鬥毆、盜賊等事」。公元 1206 年建國時，成吉思汗任命養弟失吉忽禿忽做大斷事官，要他主持民戶的分配和訴訟事宜。成吉思汗對失吉忽禿忽說：「你把一切領民的分配和訴訟事宜都造青冊寫在上面。〔凡是〕失吉忽禿忽向我建議而寫在青冊白紙上的規定，直到子孫萬代不得更改。更改的人要治罪。」伊朗史學家拉施特在 14 世紀初編成的《史集》中稱讚失吉忽禿

忽「決獄公正」，並且說:「我們從斷事官們的辯論中知道，從那時起直到現在，無論在蒙古斯坦或其所屬各地區境內，他的斷案的方式方法的原則，奠定了判決的基礎。」失吉忽禿忽領大札魯忽赤事多年，一直處理行政民事要務。公元1215年攻克金中都，失吉忽禿忽被成吉思汗派去登錄金的帑藏。公元1234年滅金，失吉忽禿忽又被窩闊台任為中州斷事官，主持清查戶口和徵收賦稅的事務，被漢人稱為「丞相」。大斷事官職事與歷代中原國家的丞相不盡相同，但其地位確實很高，在蒙古國前四汗(成吉思汗、窩闊台、貴由、蒙哥)時期，它的地位是不可動搖的，那時上自諸王、駙馬、怯薛，下至各投下的蒙古、色目人，他們的奸盜、詐偽、婚姻、驅良等事宜，都要聽札魯忽赤處置。大札魯忽赤甚至要過問汗室的案件。窩闊台時任大札魯忽赤的是札剌亦兒人額勒只帶。窩闊台死後，脫列哥那哈敦叫嚷窩闊台是被人毒死的，額勒只帶就出來制止，不許任何人這樣說。可見大札魯忽赤斷事的權威性。當然，札魯忽赤斷事也不能隨心所欲，他們也需要有法律依據。大蒙古國的根本大法，就是成吉思汗親自制定的札撒。

　　「札撒」是蒙古語，意為法度、法令。在蒙古國家誕生很久以前，蒙古社會各部落早已形成一些人們共同信守的行為

規則或習慣，蒙古語叫做「約孫」。後來隨着階級的產生，古老的約孫也打上了階級的烙印，但是這時的約孫還不具有法的性質。在蒙古社會，真正的法（札撒）是在國家形成的過程中產生的。説得更具體些，成吉思汗的札撒，是在他兼併各部落的戰爭中逐漸醖釀產生的，在公元 1206 年擁戴他登上汗座的忽里台上才得到最後的確認。拉施特的《史集》提到，成吉思汗消滅王罕後「王業已定，各部落便從四面八方來向他請降、求和。……他舉行了大聚會（即忽里台），於訂立完善和嚴峻的法令（札撒）以後，幸福地登上了汗位」。成吉思汗的札撒，是新制定的法令，在推行札撒前，他必須廢止一些舊的不適應新形勢的習慣法。志費尼説：「成吉思汗統治初期，當蒙古各部歸並於他的時候，他廢除了那些蒙古各部一直奉行、在他們當中得到承認的陋俗；然後他制定從理性觀點看值得稱讚的法規。」札撒體現了大汗的意志，大汗的權力因札撒而得到鞏固和加強。志費尼説：「誰個膽敢反對他，他就執行他頒佈的札撒和法令，把此人連同他的部屬、子女、黨羽、軍隊、國家和土地，統統毀滅乾淨。」札撒的內容相當龐雜，涉及蒙古社會生活的許多方面。志費尼説：「成吉思汗依據自己的想法，給每個場合制定一條法令，給每個情況制定一條律文；而對每種罪行，他也制定一條刑

罰。因為韃靼人沒有自己的文字，他便下令蒙古兒童習寫畏兀文，並把有關的札撒和律令記在卷帙上。」所以在成吉思汗主持下，大蒙古國相當快地產生了自己的成文法。自然，札撒不是一次完全制定的，它經過幾次修改和補充。例如在西征前舉行的忽里台上，成吉思汗對札撒和約孫重新做了一次規定；西征回來後，他又頒發了若干新的札撒和訓言（蒙語為必里克）。所謂「訓言」，就是被記錄下來的成吉思汗對宗室、臣下的訓話，在元代又稱祖訓或寶訓。成吉思汗認為，他的訓言與札撒一樣，都應為臣下所遵守，它們與保留下來的約孫都被記入卷帙，合稱「大札撒」。成吉思汗說：「如果隸屬於國君的許多後裔們的權貴、勇士和官員們不嚴遵札撒，國事就將動搖和停頓，他們再想找成吉思汗時，就再也找不到了！」又說：「萬夫長、千夫長和百夫長們，只要在年初和年終時前來聆聽成吉思汗的訓言後回去，就可以統率軍隊。如果他們住在自己的營盤裡，不聽訓言，就像石頭沉沒在深水中、箭射入蘆葦叢裡般地消失得無影無蹤。這樣的人就不適於當首長。」

雖然「大札撒」今已不存，我們從現存的史籍仍可窺見其部分內容。例如，關於每個人只能留在指定的千戶、百戶、十戶內，不得轉移，違者嚴懲的規定，就是一條札撒。再如，

在戰爭中對方向蒙古納款投誠的可免於屠戮的規定，也見於札撒。札撒還規定了對各種宗教一視同仁和對入境外商的處置辦法。札撒對臣民的限制具體而細微，違者處罰嚴酷，常論死罪。例如，札撒規定：那顏們必須忠於君主，轉投他人者處死，擅離職守者處死，挑撥是非、構亂皇室者處死。又規定：民間收留逃奴不還原主者處死，為寇者處死，以幻術惑眾者處死。札撒雖嚴，終究是大汗用來統治臣下的，汗族宗室如有違犯，則可網開一面。成吉思汗説：「我們的兀魯黑（親屬）中若有人違犯已確立的札撒，初次違犯者，可口頭教訓。第二次違犯者，可按訓言處罰。第三次違犯者，即將他流放到巴勒真古勒朮兒的遙遠地方去。此後，當他到那裡去了一趟回來時，他就覺悟過來了。如果他還是不改，那就判他帶上鐐銬送到監獄裡。如果他從獄中出來時學會了行為準則，那就較好，否則就讓全體遠近宗親聚集起來開會，以作出決定來處理他。」此外，對一些為大汗立過殊功的勳貴大臣，成吉思汗又有「九次犯罪休罰」的規定。這些可稱為法外法或法上法。

　　總之，成吉思汗的絕對權威在大蒙古國的法制上打下深深的個人印記。但是，這樣嚴酷的法令的確行之有效，它在蒙古國本土建立起嚴格的秩序，造就了一支既馴服又強健、

組織嚴密、便於驅使的軍隊。只有這樣的軍隊,才能替成吉思汗去征服世界。志費尼在敘述了成吉思汗制定律令、頒佈札撒的活動以後,不無同情地描述了他的士兵:「整個世界上,有甚麼軍隊能夠跟蒙古軍相匹敵呢?戰爭時期,當衝鋒陷陣時,他們像受過訓練的野獸,去追逐獵物,但在太平無事的日子裡,他們又像是綿羊,生產乳汁、羊毛和其他許多有用之物。在艱難困苦的境地中,他們毫不抱怨傾軋。他們是農夫式的軍隊,負擔各類賦役,繳納攤派下來的一切苛捐雜稅,從無怨言。他們也是服軍役的農夫,戰爭中不管老少貴賤都成為武士、弓手和槍手,按形勢所需向前殺敵。無論何時,只要抗敵和平叛的任務一下來,他們便徵發需用的種種東西,從十八般武器一直到旗幟、針釘、繩索、馬匹及驢、駝等負載的動物;人人必須按所屬的十戶或百戶供應攤派給他的那一份。檢閱的那天,他們要擺出軍備,如果稍有缺損,負責人要受嚴懲。哪怕在他們實際投入戰鬥時,還要想方設法向他們徵收各種賦稅,而他們在家時所擔負的勞役,落到他們的妻子和家人身上。因此,倘若有強制勞動,某人應負擔一份,而他本人又不在,那他的妻子要親自去,代他履行義務。」蒙古的兵卒如此,將帥呢?志費尼說:「他們的服從和恭順,達到如此地步:一個統帥十萬人馬的將軍,離汗的

距離在日出和日沒之間，犯了些過錯，汗只需派一名騎兵，按規定的方式處罰他，如要他的頭，就割下他的頭，如要金子，就從他身上取走金子。」汗與他的將帥士卒之間這樣的統屬關係是靠嚴酷的札撒固定下來的，由此而造就了鐵一般的作戰機器。在 13 世紀蒙古四周的鄰國中，有哪一個國家擁有相同的作戰機器呢？何況這台作戰機器又是在一個天才的軍事家指揮之下。因此，這個天才的軍事指揮家把他的機器開到哪裡，哪裡就會遭到空前的破壞。

第二章

成吉思汗時期的征服戰爭
（公元 1207—1227 年）

　　《史集》記載，有一天成吉思汗問他的那可兒孛斡兒出（又譯博爾朮）等人：「對男子漢來說甚麼是最大的快樂？」孛斡兒出等人的回答，無非是說馳馬、打獵、放鷹。成吉思汗說：「你們說得不好！鎮壓叛亂者、戰勝敵人，將他們連根鏟除，奪取他們所有的一切，使他們的已婚婦女號哭、流淚，騎乘他們的後背平滑的駿馬，將他們的美貌的后妃的腹部當作睡衣和墊子，注視並親吻她們的玫瑰色的面頰，吮她們的乳頭色的甜蜜的嘴唇，這才是男子漢最大的樂趣！」這是成吉思汗同他的那可兒們在各言其志，而成吉思汗的話甚至使百年之後記述此言的拉施特仍感毛骨悚然，所以《史集》作者緊接着說了句「願普世萬民長享太平！」記住成吉思汗這段話，你就不必再費神思考他每次發動戰爭的動機是甚麼，反正不是復仇就是劫掠，或者是復仇加劫掠。下面我們來看他是怎樣在更大的空間裡追逐「最大的樂趣」的。

一、 征夏與伐金

　　新建的大蒙古國南面鄰接兩個國家：東為女真族建立的金，西為黨項族建立的夏，兩個都是多民族國家。金朝建於 1115 年，1125 年滅遼，1126 年滅北宋，1153 年遷都燕

京（今北京），後稱中都。金世宗統治時期（公元 1161—1189 年）是金的全盛期，當時它領有今天的黑龍江、吉林、遼寧、河北、河南、山東、山西七省之地以及內蒙、陝西、甘肅的一部分，南與南宋隔淮相望，西鄰西夏，北抵外興安嶺，東至於海，人口逾五千萬，是個文化、經濟相當發展的大國。夏國建於公元 1038 年，本名大夏，宋人稱它為西夏，又稱唐古、唐兀、河西。其地包括今寧夏回族自治區全部、甘肅省大部、陝西省北部以及青海、內蒙的部分地區。到 13 世紀初，西夏已立國一百六十餘年，先後與宋、遼、金等國並存，與它們時戰時和。西夏國家雖小，人口最多時不過三百萬，但能利用宋遼或宋金的矛盾以自保，經濟、文化也有一定的發展。這就是金、夏兩國的基本情況，成吉思汗在決定大規模南侵以前，必定對它們作了了解和比較。論關係，金與蒙古有舊仇，在歷史上金一直利用塔塔兒部牽制和削弱蒙古高原各部，也直接派兵攻打過它們。成吉思汗的曾祖父殺過金的使臣，金朝殺過俺巴孩汗，成吉思汗的叔祖忽圖剌汗曾率軍攻金。成吉思汗本人雖在 1196 年接受了金的封號，其後每年還向金進貢，但祖先的仇恨並未忘記，他也不能長遠忍受稱臣進貢的地位。可是金是大國，不能輕易侵犯，與金相比，西夏要小得多，故而西夏成了首先掠取的目標。1207 年

秋，成吉思汗藉口西夏不肯納貢稱臣，再次出兵征夏。

公元 1205 年那次抄略，曾使夏國感到震驚。夏桓宗在蒙軍撤出後下令修復遭受破壞的城堡，大赦境內，改都城興慶府（今寧夏銀川市）為中興府。有的史書記載，這年冬天西夏還主動派兵往擊蒙軍，行數日，不遇而還。次年，西夏王室內訌，桓宗弟李安全廢桓宗自立，是為襄宗。蒙軍再侵西夏，破斡羅孩城，四出劫掠，襄宗集右廂諸路兵抵禦。蒙軍見西夏兵勢尚盛，不敢冒進，於第二年春季退還。

公元 1209 年春，蒙古軍在成吉思汗親自率領下，第三次南征西夏。四月，陷兀剌海城。七月，蒙軍進逼中興府外圍克夷門，襄宗增派嵬名令公率兵五萬抵禦。相持兩月，夏軍防備漸鬆，蒙軍設伏擒嵬名令公，破克夷門，進圍中興府，引河水灌城。襄宗自即位以來一直與金交好，納貢稱臣，受金冊封；此刻中興府危急，一面堅守，一面遣使向金乞援。金朝群臣普遍主張出兵援夏，以為西夏若亡蒙古必來攻金。然而即位不久的衛紹王卻說：「敵人相攻，吾國之福，何患焉？」拒不出兵。十二月，眼看中興府城牆行將倒塌，外堤突然決口，河水四溢，淹及蒙古軍營，蒙軍只好撤圍。成吉思汗遣訛答為使入城談判，迫襄宗納女稱臣。西夏既服，成吉思汗便集中力量準備攻金。

公元 1211 年春，成吉思汗以替祖先復仇為名，誓師伐金。從這年到 1215 年，他連續五年親自率兵南下，取得一系列勝利。

第一年，蒙軍兵分兩路，越過金的邊防。一路由成吉思汗本人統領，者別為先鋒，攻破金西北路邊牆烏沙堡，進陷昌州（今內蒙古太僕寺旗西南）、桓州（今內蒙古正藍旗北）、撫州（今河北張北），繼續南下。金以三十萬（一說四十萬）大軍守野狐嶺（今河北萬全膳房堡北），憑險抵禦，被成吉思汗一舉擊潰，金軍精銳喪失殆盡，遺屍蔽野。九月，蒙軍前鋒突入居庸關，攻中都，金人堅守，不克而還。另一路蒙軍由成吉思汗長子朮赤、次子察合台、三子窩闊台率領，以汪古部首領阿刺兀思剔吉忽里為嚮導，入金西南路，攻取淨（今內蒙古四子王旗西北）、豐（今內蒙古呼和浩特東白塔鎮）、雲內（今內蒙古托克托縣東北古城）、東勝（今托克托縣）、武（今山西五寨縣北）、朔（今山西朔縣）等州，大肆抄掠後離去。《金史》記載，這一年「德興府、弘州、昌平、懷來、縉山、豐潤、密雲、撫寧、集寧，東過平、灤，南至清、滄，由臨潢過遼河，西南至忻、代」，一時均陷於蒙軍。

第二年，蒙軍繼續騷擾上年侵掠過的許多地區。成吉思汗攻取山後一些州府，進圍西京（今山西大同），因中流矢，

撤退。者別攻入東京 (今遼寧遼陽)，大掠而還。

　　第三年秋，成吉思汗領大軍再越野狐嶺，重陷宣德、德興諸城，在懷來重創金軍，追至居庸關北口。金兵堅守居庸，成吉思汗留部分軍隊繼續攻打，自率主力由紫荊口 (今河北易縣西) 入關，敗金兵於五回嶺，拔涿 (今河北涿州市)、易二州。不久，者別攻取居庸關，進逼中都。蒙軍兵分三路：朮赤、察合台、窩闊台為右軍，循太行山而南，掠河東南、北諸州府；成吉思汗弟哈撒兒等為左軍，東取薊 (今天津薊縣)、平 (今河北盧龍)、灤 (今河北灤縣)、遼西諸州；成吉思汗與幼子拖雷為中軍，取河北東路、大名及山東東、西路諸地。木華黎領一軍攻陷密州 (今山東諸城)，屠其城。《元史·太祖紀》稱：「是歲，河北郡縣盡拔，唯中都、通、順、真定、清、沃、大名、東平、德、邳、海州十一城不下。」

　　公元 1214 年 (金宣宗貞祐二年) 春，成吉思汗會諸路軍將於中都北郊，以退兵為由，派使臣向金朝索取貢獻。金宣宗遣使求和，進獻衛紹王女岐國公主 (成吉思汗納為第四妻) 及童男女、金帛、馬匹，並派丞相完顏福興送成吉思汗出居庸關。五月，宣宗見河北、山東州府多已殘毀，恐蒙軍再來，即以完顏福興和參政抹撚盡忠輔助太子守忠留守中都，自率宗室遷都南京開封府 (今河南開封)，史稱「貞祐南遷」。六

月,駐於中都南面的金糺軍斫答等嘩變,殺其主帥,投降蒙古。成吉思汗得知上述情況,派大將三摸合和金降將、契丹人石抹明安率兵與斫答等共圍中都。金太子守忠立即逃往南京。十月,木華黎征遼東,收降高州盧琮、錦州張錦等。

1215 年春,蒙軍陸續收降中都附近州縣金朝將官,擊敗前來救援中都的金軍。五月,完顏福興眼看中都解圍無望,服毒自殺,抹撚盡忠棄城出逃。蒙軍遂入中都。成吉思汗當時在桓州涼涇避暑,聞報後命石抹明安鎮守中都,遣失吉忽禿忽等登錄中都帑藏,悉載以去。

金由公元 1115 年建國,至 1215 年中都失陷,正好一百年。它以一個中原大國,竟在五年時間裡被建國未久的成吉思汗打得落花流水,必有它自身虛弱的原因。歷史學家們舉出過許多原因,有民族矛盾、階級矛盾、統治階級內部矛盾、猛安謀克喪失戰鬥力、經濟衰敝,等等。這些原因都存在,但仍難解釋的是,就在成吉思汗攻金前四五年,金朝還從容打敗了南宋韓侂冑的北伐軍隊,在中都失陷以後又能同蒙古周旋近二十年,何以在蒙軍來侵初期了無招架之功。這個問題尚待做深入細緻的研究。

對蒙古將士來說,伐金的五年就是恣意掠奪的五年。他們攻城略地,但沒有久駐的念頭,至少在前四年裡成吉思汗

還沒有打算把蒙古兀魯思擴展到中原地區。蒙古軍每得一地，都大肆燒殺擄掠，然後把他們掠得的財物、牲畜、人口席捲而去，最終弄到塞北。當時金、夏的統治者已深受漢族儒家文化影響，他們的軍隊無論進行甚麼樣的戰爭，都還需要找一些理由，把自己扮成王者之師、仁義之師。成吉思汗的軍隊根本不管也不懂這些，他們只是赤裸裸地一味搶劫，並且從大汗到士兵各有一份。史籍記載：「其國平時無賞，惟用兵戰勝，則賞以馬或金銀牌或紵絲段，陷城則縱其擄掠子女玉帛。擄掠之前後，視其功之等差，前者插箭於門，則後者不敢入。」(彭大雅撰、徐霆疏：《黑韃事略》，《王國維遺書》本)「凡破城守，有所得，則以分數均之，自上及下，雖多寡每留一分為成吉思皇帝獻。餘物皆敷表有差。宰相等在於朔漠不臨戎者，亦有其數焉」(趙珙：《蒙韃備錄》，《王國維遺書》本)。這樣的軍隊最殘暴，造成的破壞最大。「自貞祐元年(公元 1213 年)冬十一月至二年春正月，凡破九十餘郡，所至無不殘滅，兩河、山東數千里，人民殺戮者幾盡，所有金帛、子女、牛羊馬畜皆席捲而去，其焚毀室廬，而城郭亦丘墟矣」(李心傳：《建炎以來朝野雜記》乙集卷二十，《韃靼款塞》，文津閣《四庫全書》本)。漢族理學家劉因記述了保州(今河北保定)被屠的情形：「貞祐元年十二月十七日

(1214 年 1 月 29 日) 保州陷,盡驅居民出。……是夕下令:
老者殺。卒聞命,以殺為嬉。……後二日,令再下,無老幼
盡殺。」(《孝子田君墓表》,《靜修先生文集》卷四,《四部叢
刊》本) 只有工匠可以免死,因為他們對蒙古軍隊有用。嚴
格地說,這一時期蒙古軍隊從事的只是抄掠,還不足稱做征
服。征服者總要設法守住已征服的地區,而抄掠者總是一走
了之,寧可日後再來攻打。只是由於降附蒙古的契丹、女真、
西夏和漢族的人物增多了,成吉思汗及其將領通過他們才逐
漸懂得征服要比單純的抄掠更加有利。大約是在攻陷中都以
後,成吉思汗開始想到把大蒙古國擴展到中原地區。這年七
月,成吉思汗派使臣到開封,曉諭金宣宗獻出河北、山東全
部地方,放棄帝號,改稱河南王。宣宗不從,戰爭繼續下去。
據統計,迄至秋末蒙軍已攻破城邑 862 處,但許多州縣無人
留守,隨後有的被金收復,有的被趁亂而起的地方豪強或原
金朝將官佔據。

　　公元 1215 年冬,成吉思汗留木華黎攻伐遼東、西諸地,
自己率蒙軍主力返回塞北。1216 年,成吉思汗駐於克魯倫
河行宮,《史集》說「他幸福如願地駐紮在自己的斡耳朵裡」。
他一邊休整,一邊注意着遠方的戰事。這年秋天,三摸合率
兵經西夏趨關中,越潼關,進拔汝州 (今河南臨汝),一度逼

近開封。

　　公元 1217 年八月，經過兩年的考慮，成吉思汗終於下決心要變金地為大蒙古國的一部分。他封木華黎為太師國王，對木華黎說：「太行之北，朕自經略；太行以南，卿其勉之。」賜給誓券、黃金印，要木華黎「子孫傳國，世世不絕」。這就是叫木華黎安心專一經略中原，不要再有北歸故土的念頭。他命木華黎統領汪古、弘吉剌、亦乞列思、兀魯、忙兀、札剌亦兒等部軍和投降過來的契丹、糺、漢諸軍，又把自己樹建的九尾大旗賜給木華黎。成吉思汗告諭諸將說：「木華黎建此旗以出號令，如朕親臨也。」

　　木華黎少年時代就是成吉思汗的那可兒，勇敢善戰，受命後全力以赴。金朝自從南遷，重心移到河南，憑藉黃河天險，集中諸路軍戶，加強防禦。木華黎避開中堅，先掃外圍，前後分別在東、北、西三方面用兵。公元 1217 年，蒙軍自燕南攻拔遂城、蠡州、大名 (以上在今河北)，東取益都、淄、萊、登、濰、密諸州 (以上在今山東)。1218 年西入河東，攻克太原、忻、代、澤、潞、汾、霍、平陽等州府 (以上在今山西)。1219 年，克岢嵐、石、隰、絳諸州 (以上在今山西)。1220 年，收降真定 (今河北正定)、滏陽 (今河北邯鄲南)，略衛、懷、孟三州 (在今河南)，東取濟南。1221 年夏，

克東平（今屬山東）。同年八月，木華黎駐兵青塚（在今內蒙古呼和浩特南，俗稱昭君墓），由東勝（今內蒙古托克托）經西夏南下，取葭州（今陝西佳縣）、綏德，進圍延安，克洛川、鄜州（今陝西富縣）。1222 年冬，取河中府（今陝西永濟），渡河拔同州（今陝西大荔）、蒲城。趨長安（今西安），不下；西攻鳳翔，又不下。1223 年三月，木華黎渡河至聞喜，病卒，年五十四。臨終以未能滅金為憾。

木華黎經略中原六年，正值成吉思汗率大軍西征，留給他的兵力有限，故而與金形成相持局面。當時河北、山東地主武裝頗多，他們依違於蒙、金之間，互爭雄長，常有反覆，蒙、金都要爭取他們，使戰事呈現多元狀態。木華黎留意招集契丹、女真、漢族地主武裝頭目，給他們各種職務，並能聽取他們的意見，改變了蒙古軍隊早先一些做法。例如，史籍記載，公元 1220 年木華黎以史天倪為權知河北西路兵馬事，史天倪對木華黎說：「今中原已粗定，而所過猶縱抄掠，非王者弔民伐罪意也。且王為天下除暴，豈復效其所為乎！」木華黎稱善，「下令敢有擅剽擄者以軍法從事，所得老幼咸遣歸之，軍中蕭然」(《元史》卷一四七《史天倪傳》)。這段記載無疑是把事情過於美化了；史天倪究竟是怎樣講的，木華黎能否懂得「王者弔民伐罪」，都是問題。但是，在木華黎

時期，蒙軍一味殺掠的做法的確有所收斂，並且引起了金朝的注意。1222年(金宣宗元光元年)六月，金晉陽公郭文振向宣宗上奏：「河朔受兵有年矣，向皆秋來春去，今已盛暑不回，且不嗜戕殺，恣民耕稼，此殆不可測也。」(《金史》卷一八《胥鼎傳》)「不嗜戕殺」、「恣民耕稼」和「盛暑不回」，反映出此時中原蒙軍不再是單純的抄掠者，它已按照成吉思汗的意圖轉化為征服者。這一轉化對金朝造成更大的威脅，郭文振所謂「殆不可測」，就是這個意思。

木華黎死後，其子孛魯繼為國王。孛魯按木華黎的方略經營河北、山東，重點依靠降蒙的原漢族地主武裝。公元1226年，宋將、原紅襖軍領袖李全攻克益都，俘蒙古軍元帥、漢人張林，控制了山東東路大部分地區。秋九月，木華黎弟帶孫與嚴實率兵圍益都。冬十二月，孛魯領兵入齊，派人招降李全。次年四月，益都城中糧盡，李全出降。蒙古一些將領主張殺掉李全，孛魯則表示應留李全以勸山東未降者，便以李全為山東淮南楚州行省。繼而攻克滕州，盡有山東全境。與之同時，成吉思汗率領征西夏大軍進入金地，攻破臨洮、信都、德順等府州。金朝眼看兩面受敵，形勢危急，恰遇成吉思汗病逝，孛魯北上奔喪，次年病死於漠北，給了金朝喘息的機會。

二、　西征

　　成吉思汗考慮西征，始於公元 1218 年。在這以前，從
1207 年到 1211 年，他已招降了原先臣服西遼的畏兀兒、哈
剌魯和北方的吉利吉思部（在葉尼塞河上游地區）、禿麻部
（在貝加爾湖西）。雖然禿麻部和吉利吉思部後來又起兵反
抗，但在成吉思汗西征前都被平息。1218 年，成吉思汗又派
兵消滅了已竊奪西遼皇位的乃蠻太陽汗子屈出律，盡有西遼
國土。這樣，蒙古便與中亞強國花剌子模接壤。成吉思汗時
期的西征，包括兩個方面，一是滅花剌子模，一是侵入欽察
草原，時間上幾乎是並行的。下面先講滅花剌子模。

　　花剌子模是中亞古國，公元 7 世紀以前已經存在，位於
阿姆河下游。從 11 世紀起，統治花剌子模的是突厥王朝，國
王稱沙。其國信奉伊斯蘭教，文化上受伊朗和阿拉伯影響。
在 1141 年西遼擊敗塞爾柱帝國以前，花剌子模臣屬於塞爾
柱，此後轉而向西遼稱臣納貢。1200 年摩訶末沙即位，在
十多年的時間裡，他先後打敗呼羅珊、西遼、撒馬爾罕、阿
塞拜疆的統治者，佔領河中、阿富汗、伊拉克和伊朗的許多
地方，將都城從玉龍傑赤（今土庫曼斯坦烏爾根奇）遷到撒
馬爾罕。花剌子模在摩訶末統治下進入它的極盛期，城市繁

榮，商業發達，與境外有廣泛的貿易往來。

　　大約在公元 1216 年，有三個花剌子模商人帶着織錦、布匹和其他物品到蒙古做生意。當時漠北道路暢通，蒙古貴族擁有大量從中原掠奪來的金銀財物，而且蒙古人不善於經商，故而吸引了許多中亞商人前來貿易。成吉思汗為了獲得境外貨物，鼓勵商人來往，頒佈了一條札撒：對入境的商人一律發給憑照，凡是值得汗受納的貨物，應連同貨主一起遣送給汗。三個花剌子模商人中有一個叫巴勒乞黑，他帶的織品和其他物品被邊境守衛看中，被送去見成吉思汗。巴勒乞黑漫天要價，成吉思汗很惱火，説：「這傢伙是否以為我們這兒從前根本沒來過這些東西？」便叫人把庫藏打開給巴勒乞黑看，然後沒收他的貨物，拘留他本人。成吉思汗又派人把巴勒乞黑兩個同夥找來，這兩個人不敢再要價，只説他們的貨物是要獻給汗的。成吉思汗表示讚許，按合理的價格買下他們的貨物，對巴勒乞黑也這樣辦了。等三個商人啟程回國時，成吉思汗派使臣隨同前往，給摩訶末送去信件和許多貴重禮物。同時，他讓后妃、宗王、那顏們各選幾位親信，組成一支 450 人的商隊，用 500 頭駱駝滿載金銀貨物，去花剌子模進行貿易。因蒙古人不善經商，這 450 人全是穆斯林。

　　公元 1218 年春，摩訶末在布哈拉（在今烏茲別克斯坦）

接見蒙古使臣，使臣向他遞交了成吉思汗的禮品和信件。信的內容，幾種史書的記載不大一致，但基本意思相近，就是強調要友好通商。有的記載說，成吉思汗信中稱摩訶末為「兒子」，摩訶末看了很生氣。這是否確鑿，不得而知。可以肯定的是，摩訶末表示接受成吉思汗關於友好通商的建議，使臣平安地離開了花剌子模。其後不久，蒙古商隊到達花剌子模邊境城市訛答剌（在今哈薩克斯坦）。訛答剌守城官亦難出是摩訶末母后禿兒罕可敦的親屬，他覬覦商隊財貨，誣指商人為間諜，將他們扣押，然後報告摩訶末。摩訶末無視對成吉思汗使臣的約言，下令殺死商人，沒收他們的財物。商隊的一個駱駝夫僥倖免難，逃回蒙古，向成吉思汗報告了全部情況。

成吉思汗聞報後的反應是可想而知的。他怒不可遏，獨自登上山頭，將腰帶搭在脖子上，光着頭，臉貼地上，祈禱號泣了三天三夜。最後得到吉兆，精神抖擻地走下來，決心西征花剌子模。他一面進行準備，一面又派布哈拉人伊本·哈福剌只和兩個塔塔兒人為使者，去花剌子模責問摩訶末，要求摩訶末交出亦難出，否則即請備戰。此時的成吉思汗與摩訶末都是久涉戰場、屢屢獲勝的統帥，雙方銳氣正熾，都想較量一下。摩訶末對成吉思汗的戰爭警告置若罔聞，他殺了

伊本·哈福剌只，剃掉兩個塔塔兒人的鬍髮，把他們遣回蒙古。接着，摩訶末這邊也進入戰備狀態。

公元 1218 年秋天，在克魯倫河畔，蒙古士兵密集，緊張地做着戰爭準備。當時初到該地的耶律楚材後來回憶他所看到的景象是：「車帳如雲，將士如雨，馬牛被野，兵甲赫天，煙火相望，連營萬里，千古之盛，未曾有也。」的確，此時的蒙古軍隊又非起初伐金時可比。通過幾年的伐金戰爭，它的將士得到了嚴格的軍紀、戰術訓練，它的隊伍因吸收漢族、契丹和其他民族的士兵戰將而擴大，它的裝備因工匠和擄獲物的增加而得到改善。此外，還有最重要的一點，就是這支軍隊已經無比信任自己戰無不勝的偉大統帥成吉思汗，這對團結全軍、激勵士氣是至為重要的。

公元 1219 年春，成吉思汗召開忽里台，對諸子及萬戶長、千戶長、百戶長進行了任命和分派，對自己的領導規則、札撒和古代習慣重新作了規定。這些都是西征的最後準備事項。臨到出發前，他還指定了自己的繼承人。

繼承人問題，是皇后也遂可敦提出來的。因為這年成吉思汗已經五十七歲了，應該考慮這個問題。也遂說：「大汗此去遠征，過山涉水，倘有不測，四子中命誰為主，可先讓大家知道。」成吉思汗對也遂的話十分讚賞，認為提得很是時

候。所謂「四子」,即朮赤、察合台、窩闊台和拖雷,都是成吉思汗正妻孛兒帖皇后所生。按照蒙古習俗,汗的繼承人首先應該從正妻之子中產生。四個人中,我們僅知窩闊台這年三十三歲;拖雷雖為幼子,但他的長子蒙哥這年已屆十歲,拖雷應在三十上下;可知朮赤兄弟四人此時俱當壯年。於是成吉思汗先問朮赤有甚麼意見。未等朮赤回答,察合台就粗魯地對成吉思汗說:「你是要把汗位交給他嗎?他是篾兒乞種,我怎麼教他管?」接着,朮赤和察合台兩人扭成一團。博爾朮和木華黎上前勸解,成吉思汗沉默不語。這時有個侍臣闊闊搠思說:「察合台,你忙甚麼,汗現在指望你。當你沒有出生的時候,天下擾攘,互相攻劫,人不安生,所以你賢明的母親不幸被篾兒乞人擄掠。你講這樣的話,豈不傷你母親的心。你父親初立國時,與你母親一同辛苦,將你們幾個兒子養大,望你成人。你母親像月樣明,海樣深,這般賢明。你怎麼可以這樣說話?」成吉思汗終於開口,對察合台說:「你怎麼那樣講朮赤?他是我的長子,今後你不可以那樣講。」察合台說:「兒子們中我和朮赤年紀最大,願給父親一齊出力。窩闊台為人敦厚,可聽他管。」成吉思汗再問朮赤,朮赤表示同意讓窩闊台當繼承人,他和察合台一塊出力。於是成吉思汗說:「你們二人不必在一塊,天下地面遼闊無邊,

我讓你們各守封國。你們說話要算數,不要讓人恥笑。」然
後又問了窩闊台和拖雷,他們也同意了。最後成吉思汗說:
「哈撒兒、哈赤溫、斡赤斤、別里古台四個弟弟的位子,在
他們的子孫中各教一個人管。我的位子教一個兒子管。我說
清楚了,不要違反。」

關於汗位由誰繼承的問題,看起來算是明確了,但沒有
真正解決,朮赤和拖雷並不服氣。在成吉思汗身後,兄弟諸
房之間演出一幕又一幕奪權慘劇,這是成吉思汗防止不了
的。成吉思汗以為,只要佔領更多的地方,能讓兒孫們「各
守封國」,衝突就可避免。因而西征的目的決不限於向花剌
子模復仇,而是為了擴大疆域,只要力所能及,便無休止地
向前推進。

西征軍出發前,成吉思汗派人去哈剌魯、阿力麻里、畏
兀兒和西夏,要求他們調兵隨征。哈剌魯等從命,唯有西夏
不肯。當時西夏神宗遵頊在位,未等他開口,他的臣下阿沙
敢不出言不遜,對成吉思汗使者說:「既然你們能力不夠,何
必稱汗?」成吉思汗豈能忍受這樣的侮辱,但因西征在即,
只好將西夏暫擱一邊,決心等西征回來後再予懲罰。

公元 1219 年夏,蒙古大軍出發西征,越阿爾泰山。時
雖盛暑,阿爾泰山上仍是冰雪覆蓋,成吉思汗命軍士鑿冰前

進,抵額爾齊斯河上游駐紮。在此他又一次派人通知摩訶末
準備迎戰。入秋,繼續西行,至海押立(在今伊犁西、巴爾
喀什湖東),哈剌魯國王阿思蘭、阿力麻里國王蘇黑納黑特
勒、畏兀兒亦都護巴兒朮各率本部兵前來從征。

當時蒙古軍估計約二十萬人,花剌子模擁有軍隊約四十
萬人,在數量上佔有優勢。但是,摩訶末把他的軍隊廣佈於
錫爾河、費爾干納要隘和河中各城,分散了兵力。成吉思汗
從訛答剌方面進攻,由察合台、窩闊台指揮一軍包圍該城,
另派朮赤領一軍沿錫爾河而下,攻取昔格納黑(在今哈薩克
斯坦圖門阿魯克北)和氈的,阿剌黑那顏等率兵五千南下取
別納克忒(今烏茲別克斯坦塔什干南)和費爾干納都城忽氈
(今列寧納巴德)。成吉思汗本人和拖雷率主力往攻布哈拉。

察合台、窩闊台在訛答剌城下打得相當艱苦。守衛訛答
剌的仍是亦難出,有兵五萬,摩訶末又派哈剌察領兵一萬增
援,城牆完好,物資充足。亦難出自知是禍首,始終堅持戰
鬥。過了五個月,訛答剌人處境絕望,哈剌察向亦難出建議
獻城投降,亦難出斷然拒絕。哈剌察率部分士卒開門出逃,
被蒙軍生俘。蒙軍從同一個門入城,亦難出帶兩萬人退守內
堡,拚死搏鬥,歷一月之久,給蒙軍造成大量傷亡。蒙軍攻
入內堡,最後只剩亦難出單身一人,被蒙軍擒獲。察合台、

窩闊台以對主不忠的罪名，殺了哈剌察及其同伴。亦難出被押送到撒馬爾罕的郊區闊克撒萊，當着成吉思汗的面處死。蒙軍在訛答剌大肆劫掠，把內堡和外城均夷為平地。大量平民被屠殺，倖免於難的工匠被擄去服役。

在昔格納黑，朮赤先派早已歸順蒙古的回回商人哈散哈只入城勸降，不想被城內的人殺死。朮赤怒火中燒，命士卒晝夜輪番攻城。連續攻打七天，破昔格納黑城，城內居民幾乎被殺光。餘下的事交給哈散哈只之子，讓他去召集窮鄉僻壤的殘存者。朮赤軍繼而攻佔訛跡邗和巴耳赤邗，那裡的百姓沒有大的反抗，所以沒有實行總屠殺。這些消息傳到氊的，守將忽都魯汗不等蒙軍到來就帶着軍隊逃跑了。朮赤派成帖木兒為使者去見氊的居民，發現居民中有反抗情緒，便回去調動軍隊。由於居民實際上沒有戰鬥準備，蒙軍輕易進入城內。他們沒有大量屠殺，但把居民驅至郊外九天九夜，自己則在城裡搜索財物。接着蒙軍又攻克養吉干(在今哈薩克斯坦卡札林斯克南)，盡得錫爾河下游城市，朮赤進駐哈剌忽木。

阿剌黑那顏的軍隊只打了三天就迫使費納克忒守軍投降。儘管如此，所有的降卒還是被殺害了，居民則依性別、職業和年齡的不同或分給千戶、百戶，或編入軍籍，或配做

勞役。然後蒙軍進兵忽氈。忽氈守將帖木兒滅里勇敢多智，他在錫爾河中央築有一座高大的城堡，率領千人駐守，巧妙地利用地形襲擊蒙軍。後來蒙古軍不斷增加，多達七萬人，堡壘處境日漸困難。帖木兒滅里率部眾乘舟南駛，沿岸蒙軍不斷攻擊堵截，他們只好棄舟登岸。蒙軍緊追不捨，帖木兒滅里等邊走邊戰，幾天後人馬傷亡殆盡，他隻身逃往玉龍傑赤。

　　成吉思汗和拖雷的軍隊在去布哈拉途中先佔領了匝兒訥黑和訥兒兩城。兩城居民都沒有反抗，故而免於屠殺，但抄掠是必不可免的，城池也照例夷為平地。公元 1220 年 2 月，蒙軍抵達布哈拉城下。布哈拉和撒馬爾罕一樣，是河中地區的核心。布哈拉是宗教、文化名城，城內建有宏偉的清真寺院，集中許多學者、教長。防守布哈拉的花剌子模士兵多是雇傭的突厥人，蒙古軍一到，守將就率領部分士兵往阿姆河方向逃跑，被蒙軍趕上消滅。次日布哈拉的教長、紳士代表居民獻城投降，迎成吉思汗入城。當時內城尚有花剌子模守軍，拒不投降，蒙軍放火焚燒整個市區，又用火攻破內城。遇害者三萬多人，成年男子一個不剩，婦女和兒童被掠為奴婢。已經投降的外城居民得免於難，但他們已一無所有。適合服役的男子被強徵入軍，往攻撒馬爾罕；其他人逃往鄉

村。昔日繁華興旺的布哈拉城，如今成了一片平坦空曠的原野。有個人從布哈拉逃到呼羅珊，人們向他打聽布哈拉的命運，他用下面的話簡短地描述了蒙軍的行為：「他們到來，他們破壞，他們焚燒，他們殺戮，他們搶劫，然後他們離去。」

志費尼和拉施特說：成吉思汗進入布哈拉城後縱馬直入清真寺，在寺裡歡宴慶功，載歌載舞，把古蘭經扔在地上隨意踩踏，拿藏經箱當馬槽，讓教長、學者替他們看馬，最後成吉思汗召集富人訓話，自稱是「上帝的鞭子」，是上帝「把我作為懲罰施降給你們」，等等。——這段記載，不止一個學者懷疑它的可靠性，因為它過於傳奇化，而且與成吉思汗對各種宗教都採取寬容與尊重的態度不符。這些學者的意見是對的，成吉思汗在撒馬爾罕的行為證實了這一點。

成吉思汗在三月間到達撒馬爾罕。這是河中第一大城，人口十萬餘戶，其繁華程度又在布哈拉之上。摩訶末先已退至阿姆河以南。守城士兵也是新近招募的康里人，他們對花剌子模沙本無忠心，雖有數萬之眾，不想認真作戰。城內居民對是否抵抗也猶豫不決，意見分歧。蒙軍這邊因察合台、窩闊台帶兵來會，聲勢更加壯大，還驅迫從訛答剌、布哈拉等地強徵來的丁壯參加攻圍。戰未數日，城內伊斯蘭教的教長、司教和教法官們來到成吉思汗處獻降。他們打開城門，

讓蒙軍入城。城牆當天被平毀，居民被趕到城外，接着又是例行的大掠一番。教長、司教和教法官們及與他們有關的人則免於侵害，據說有五萬人左右。三萬多康里士兵全部被殺。成吉思汗下令將三萬多有手藝的人分給諸子、族人，又挑選三萬丁壯隨軍作戰。被驅迫的丁壯編入「哈沙兒」（意近元朝的簽軍）隊，蒙軍作戰時常把哈沙兒置於前列，故而傷亡很大，需不斷補充。入夏以後，成吉思汗移駐那黑沙不（今烏茲別克斯坦哈爾希），委任契丹人耶律阿海等鎮守撒馬爾罕。撒馬爾罕經此浩劫，人口只剩原來的四分之一，城市丘墟，田園荒蕪，再難恢復昔日盛況。

摩訶末丟失河中有多方面原因。河中原非花剌子模本土，摩訶末攻佔其地不過十年，也曾屠殺當地居民，居民自不會與他齊心。摩訶末擁兵不為不多，但將領多為他母后禿兒罕可敦親屬，他們是康里人，與摩訶末有矛盾，雖然其中有個別人勇於抗蒙，但多數不為摩訶末出力，這是不難理解的。奇怪的是摩訶末本人，他過去十多年在對外戰爭中每每是勝利者，因而志驕意滿，敢捋成吉思汗虎鬚，但自從與蒙軍初次接觸以後，卻變得心驚膽怯，惶惶不可終日。史書記載，摩訶末篤信命運，星相家們告訴他，在惡運的星宿沒有走掉之前，為謹慎起見不宜對敵人採取任何行動，「星相家

們這些話也是使他的事業更加陷於紊亂的原因之一」。面對蒙古大軍到來，他不敢主動迎戰，而是消極防守，把四十萬左右騎兵的大部分散佈於突厥斯坦和河中，結果被蒙軍逐個擊破。他還四處散佈消極情緒，嚴重影響士氣。在撒馬爾罕時，他下令改建城牆，他走上城壕說：「前來進攻我們的軍隊，只要每個人扔下自己的鞭子，這條壕溝一下子就被填平了。」後來到那黑沙不（今烏茲別克卡什卡河流域卡爾什城）去，不管走到哪裡都說：「你們自謀活命之計吧，蒙古軍隊是無法抵抗的！」這些話使他的臣民與將士大為沮喪。他的長子札蘭丁不贊成他的消極態度，建議把分散於各地的軍隊召集起來，主動攻打蒙古軍隊，強調這是能夠辦到的。摩訶末無視札蘭丁的積極建議，只說自己的福星已經隕落，甚麼都不中用了。因此，他對付蒙古軍的唯一辦法就是不斷逃跑。河中失陷，他逃奔內沙布爾（在今伊朗霍臘散省）；蒙軍入呼羅珊，他又逃往加茲溫（在今伊朗德黑蘭省）。其後輾轉至馬贊德蘭，於公元1220年底病死在裡海的一個島上，札蘭丁繼位。

蒙古軍在公元1220年內繼續攻佔許多地方。奉命專追摩訶末的者別、速不台軍隊先後佔領巴里黑（今阿富汗馬札里沙里夫西）、內沙布爾、剌夷（今伊朗德黑蘭南）。這年秋

天,成吉思汗派察合台、窩闊台往攻玉龍傑赤,命朮赤率軍
南下會合;自己與拖雷從那黑沙不出發,分別攻取呼羅珊諸
城及忒耳迷。

公元 1221 年初,察合台、窩闊台軍抵玉龍傑赤城下,
朮赤亦率兵來會。蒙古軍包圍該城並遣使入城招降。當時駐
守該城的是摩訶末母親禿兒罕可敦的親戚、康里人烏馬兒,
他被擁戴為算端(國王),拒絕出降。蒙古軍用投石機攻城,
因玉龍傑赤附近無石,改伐桑木替代。又派三千士兵進攻城
中間的壩橋,被城民全部殲滅,城中軍民因而加強了守城信
心。朮赤和察合台兩人在攻城期間又鬧起矛盾,導致蒙軍軍
令紊亂,戰事不順,損失慘重。拉施特說:「蒙古軍被花剌子
模人殺死了許許多多,據說屍骨堆積如山,迄今還堆在花剌
子模舊城四郊。」七個月(一說四個月)過後,玉龍傑赤仍在
堅守。蒙古軍有人把情況報告給成吉思汗,三兄弟也派人向
成吉思汗請示究竟聽誰調遣。成吉思汗當時正在攻塔里寒寨
(在今阿富汗木爾加布河上游),聞報大怒,下令玉龍傑赤戰
事悉聽窩闊台指揮。窩闊台奉命行事,調度有方,軍令統一。
蒙古士兵齊心協力投入戰鬥,攻入城內,用噴射石油的器械
焚毀街區,用了七天時間才佔領全城。他們將居民全部驅到
野外,分揀出十萬工匠,押解而去。婦女兒童被掠為奴,成

年男子屠殺無遺。傳說五萬多蒙古兵每人分配殺二十四人。

由拖雷率領的蒙古軍在呼羅珊地區進行同樣殘酷的屠殺。當時呼羅珊分為四個城區，它們是巴里黑、馬魯、也里和內沙布爾。者別、速不台在追擊摩訶末時曾經過這裡一些地方，因為目標專注，沒有造成很大破壞。者別軍過後，當地居民又起來反對蒙古置守的官員。拖雷到達，情況大變，他在兩三個月內毀壞了許多城鎮，似乎焚殺搶掠之外，別無目的。公元 1221 年 2 月 5 日，拖雷軍進入馬魯，把市民統統趕到郊外。拖雷傳令，除了挑出的工匠和部分童男童女，其餘的人一概殺盡。蒙古軍走後，有人用十三天來計算被害的人數，據說屍體達一百三十多萬（一說七十萬）。在內沙布爾，城內居民起先進行抵抗，一箭射死拖雷軍先鋒、成吉思汗的駙馬脫哈察兒，等拖雷大軍到後，雖然想降，已不可得。4 月 10 日，蒙古兵入城屠殺，雞犬不留。其他地方的命運大致相同。巴里黑城被成吉思汗夷為平地。

塔里寒寨城堡防守堅固，成吉思汗用了七個月時間才攻下，城堡被毀。在攻打範延堡時，察合台長子、成吉思汗愛孫木禿堅中箭身亡。城堡攻下後，成吉思汗下令將人畜禽獸全部殺絕，不留一個俘虜，不掠一件物品，將城市毀成荒漠，以後不得恢復，不讓那裡生長任何東西。

札蘭丁繼承父位後，陸續聚集了一些花刺子模軍隊，他改變摩訶末一味逃跑的做法，主動出擊蒙古軍。公元1221年春季，札蘭丁由哥疾寧北上，在八魯灣（今阿富汗喀布爾之北）附近打敗失吉忽禿忽率領的蒙古三萬騎兵，取得一次重大勝利。但因部下將領發生磨擦，軍隊瓦解，重又折回哥疾寧。這年夏天，成吉思汗與察合台、窩闊台、拖雷駐紮在塔里寒山麓，他們了解到札蘭丁情況，決定全體出動，追擊札蘭丁。成吉思汗經過八魯灣兩軍交戰地，察看了地形，發現失吉忽禿忽和札蘭丁都不善於選擇有利地形。他們到達哥疾寧，得知札蘭丁打算渡過申河（印度河）去印度，已在半月前離開哥疾寧。他們趕到河邊，包圍了札蘭丁，成吉思汗下令不許用箭射傷札蘭丁，要把他活捉到手。札蘭丁手下一些將士被擊潰，他自帶七百人拚死戰鬥，最後飛馬躍入河中，他的一些追隨者被蒙古軍射死，河水為之染紅。他帶着刀、矛、盾牌上了對岸。據說成吉思汗對札蘭丁的驍勇善鬥大為讚歎，轉身對兒子們說：「做父親的應當生出這樣的兒子。」

札蘭丁到印度後躲了幾天，陸續有人來投奔他。他幾次打敗印度軍，隊伍擴展到三四千人。公元1222年春，成吉思汗派兵入印度追擊札蘭丁，未能找到，入夏後蒙古軍不耐酷暑，退回。蒙古軍在印度也擄掠屠殺，騷擾很大。

公元 1222 年夏，成吉思汗屯駐八魯灣草原，在那裡接見了應召西來的全真道士長春真人丘處機。丘處機字通密，號長春子，山東棲霞人。全真道是道教的一支，創建人是金人王喆。丘處機十九歲學道，次年遇王喆，拜在門下，隨同入關。王喆去世後，丘處機先隱居關中，堅守苦行，漸漸有名。金世宗大定二十八年 (1188 年)，被世宗召到中都，頗受優遇。蒙古攻金初期，丘處機隱居棲霞山中，金、宋先後派人邀請出山，均未應。1219 年冬，成吉思汗在西征途中聽説丘處機之名，派使臣至山東詔請。1221 年春，丘處機應邀率弟子西行，於 1222 年四月到達八魯灣。丘處機在山東時對蒙古軍所作所為早有了解，西行途中又經撒馬爾罕等地，目睹河中戰後慘象，仍以晉謁成吉思汗為榮，反映了他對漢地局勢的估計，他要依託蒙古弘揚本教。而在成吉思汗眼中，丘處機無非是一個可以替他告天祝壽的宗教首領，不比珊蠻巫師高出多少。只有起中介作用的一些懂得漢族文化的契丹、漢族官員，能夠看出政教相輔對蒙古爭奪漢地的意義；而且也非都是如此，耶律楚材就很看不起丘處機搞的一套。丘處機在西域住了將近一年，成吉思汗那時仍忙於鎮壓當地人民的反抗 (如巴里黑)，閒暇則找丘處機問道。有人早在成吉思汗跟前誇説丘處機年逾三百，其實他那年七十五歲，

及至成吉思汗當面詢問，只好推説不知自己年歲。成吉思汗真正關心的是養生長壽之道，耶律楚材説，丘處機「所對皆平平之語言及精神氣之事」。在漢族地區，戰爭年月道士的一大功德，是設壇建醮、濟度亡靈；身在沙場、日事屠戮的成吉思汗哪會需要這些。有些史書稱丘處機向成吉思汗建言「欲一天下者，必在乎不嗜殺人」，成吉思汗「深契其言……且以訓諸子焉」。這樣的説法並不可信，連記載丘處機西行事最詳細的《長春真人西遊記》都沒有提到。丘處機於 1223 年三月離西域東歸，此後成吉思汗及其子孫不知又殺了多少無辜，「不殺」之驗何在？對全真道來説，丘處機西行是取得成果的，成吉思汗給他們以免服差役的特權，全真道得以大行其道。但這並不意味成吉思汗對全真道情有獨鍾。這一年成吉思汗在布哈拉接見了伊斯蘭教的法官和宣教師，聽他們講了伊斯蘭教的要義和條規，也深表讚許，只對去麥加朝聖一事不以為然。成吉思汗認為全世界都是上帝所有，在任何地方都能向上帝祈禱，不必限於麥加一地。在撒馬爾罕，成吉思汗同意伊斯蘭教徒恢復公共祈禱，並接受法官教長們的請求，豁免他們的賦役。在宗教方面，成吉思汗總是採取兼容並包的方針。

　　現在我們來介紹西征軍侵入欽察草原的經過。

公元 1220 年春季，當成吉思汗圍攻撒馬爾罕時，他聽說摩訶末往北逃跑，便派者別、速不台帶兵追趕。他要求他們必須擒獲摩訶末，預期他們在三年內結束戰事，然後經過欽察草原回到蒙古本土。所謂欽察草原，是指從第聶伯河起到伏爾加河以東很遠地方的一片廣闊草原。這就是說，成吉思汗給者別、速不台的任務不僅僅是擒獲摩訶末，還要往西往北侵佔或擄掠更多的地方，然後取道東歸。成吉思汗指示者別、速不台，對所經地區軍民「歸順者可予獎勵，發給保護文書，為他們指派長官；流露出不屈服和反抗情緒者一律消滅」。者別、速不台得令立即向摩訶末逃跑的方向追去。他們渡過阿姆河，首先到達巴里黑，城中富民派人恭敬迎接，供給飲食。者別等急於追趕摩訶末，為巴里黑指派一名長官，要了一名嚮導，繼續前進。在內沙布爾地區哈甫州所屬咱維城，因居民關閉城門，拒給飼料，並擊鼓詛罵，蒙古軍攻下該城，把城民全部屠殺。他們就這樣忠實地執行成吉思汗的指示。在內沙布爾，他們招諭當地權貴、呼羅珊宰相來降，散發了用畏兀兒文公文寫的並蓋有紅璽印的成吉思汗詔敕副本，警告各地居民說：「萬能的主已將起自日出之地、直到日落之地為止的全部地區賜給了我們。凡降順者，本人及其妻子、兒女、親信都可得到赦免，而不投降的反抗者，

將連同其妻子、兒女、族人、近親一起殺死。」內沙布爾城民給蒙古軍送了酒席、禮物，表示可供應飼料、給養，故未遭難。離開內沙布爾，蒙古軍兵分兩路：者別往尬維因（在今伊朗霍臘散省札哈台），速不台去札木、徒思（在霍臘散省馬什哈德北），一路仍按既定方針辦。但總的説，者別、速不台此時對呼羅珊地區破壞不大，因為他們身有要務，不宜耽擱。等到拖雷帶兵到來，呼羅珊才遭到毀滅性破壞。者別、速不台分軍不久，又在剌夷（今德黑蘭附近）城下會合，屠殺了一部分剌夷居民（一説因該城法官出降，剌夷未遭屠殺）。然後又毀了忽木（在德黑蘭南面）、贊章、可疾雲，迫降哈馬丹。入秋以後，蒙古軍進入阿塞拜疆境內，臨近其首府桃里寺（今伊朗東阿塞拜疆省大不里士），阿塞拜疆國王突厥人月即伯派人送上許多金錢、牲畜，才使蒙古軍離去。這年年底，者別、速不台得知摩訶末已去世，便向西北方向挺進。1221年初，蒙古軍入谷兒只（今格魯吉亞），打敗當地守軍，因見谷兒只叢林茂密，行軍艱難，又折回桃里寺，從桃里寺再次弄到大量貢物。接着來到篾剌合城（今伊朗東阿塞拜疆省馬臘格），居民進行抵抗，蒙古軍以穆斯林俘虜為前驅，猛烈攻打，最後城破，全體居民被屠殺。這時哈馬丹發生動亂，守城蒙古長官被殺，蒙古軍又返回哈馬丹，盡屠當地居民。

然後又蹂躪了一些城市，於 1222 年春再次進入谷兒只。谷兒只人列陣以待。雙方交鋒後，蒙古軍設伏殲滅三萬谷兒只人，谷兒只又一次被擊潰。其後，蒙古軍向裡海港口打耳班(今達傑斯坦傑爾賓特)轉移，取道打耳班要隘，進至羅斯南部平原即欽察草原。

欽察人屬突厥語族，他們分佈於第聶伯河與伏爾加河之間的草原上，南面到克里木。「欽察」是東方人對他們的稱呼，古羅斯編年史稱他們為「波羅維赤」，拜占庭編年史及拉丁文文獻稱他們為「庫蠻」。欽察人多數過着遊牧生活，一部分人已向定居的農業勞動過渡。在 13 世紀初，他們可能已組成若干遊牧公國。與欽察人相鄰，在高加索山北邊，還住着阿速(即阿蘭)人，他們是伊朗語族部落。蒙古軍先到阿速人地區，阿速人與欽察人聯合起來進行抵抗，雙方相持不下。蒙古軍設法分化他們，派人通知欽察人說：「我們和你們同族，阿速人是異族，我們議和吧。我們給你們送去金子和衣服，你們把阿速人留給我們。」欽察人收了許多財物就走了。蒙古軍打敗阿速人，按慣例掠奪屠殺一番，隨後突然襲擊欽察人，見一殺一，奪回先前給欽察人的東西。公元 1222 年冬，蒙古軍駐於欽察之地。

被蒙古軍擊敗的欽察殘部逃往東南歐，他們向羅斯伽

里赤王密赤思老求援。當時羅斯分為許多獨立的小公國,王公們互相傾軋,雖然伽里赤王密赤思老警告說必須援助欽察人,否則必將遭受蒙古人攻擊,不少王公仍不在意,只有一部分王公響應伽里赤王的倡議。由基輔、伽里赤、斯摩棱斯克、契爾尼果夫等幾個王公統率的八萬羅斯大軍自第聶伯河下趨,迎擊蒙古軍。公元 1223 年夏,蒙古軍在阿里吉河 (今烏克蘭卡里奇克河) 大敗羅斯軍,進而劫掠南部一些地方,又侵入克里米亞半島,劫掠了熱諾亞人在該島速答黑城的錢庫。但是,此時的蒙古軍不想奪取羅斯的土地,因冬季將臨,他們取道伏爾加河返回亞洲。他們渡河向察里津 (今伏爾加格勒) 前進,在卡馬河口攻擊了不里阿耳城,然後下行到裡海、鹹海北岸的草原,至錫爾河與成吉思汗大軍相會,此時已屆 1223 年冬。

者別、速不台在伊朗西部、高加索、羅斯轉戰三年有餘,給一些地方造成很大破壞,除了廢墟與屍體,這次奔襲沒有給當地留下任何積極的東西。不過,對蒙古軍來說,算是完成了一次火力偵察,者別等人了解了道路地形,摸清了伊朗、谷兒只、羅斯軍隊的戰鬥能力,為後來窩闊台、蒙哥時期征服這些地方提供了經驗。

三、　滅夏與成吉思汗之死

公元 1223 年成吉思汗在河中度過冬天。次年開春啟程東歸，駐夏於阿雷斯與塔拉斯之間的豁蘭八失，秋後繼續上途。在葉密立河附近舊日乃蠻的國境線上，拖雷的兩個兒子忽必烈和旭烈兀來迎。這時忽必烈十歲，旭烈兀八歲，初次參加打獵，成吉思汗親自為他們舉行初獵儀式，給他們手指抹油。此後一年多，成吉思汗在自己的斡耳朵（牙帳、宮廷）裡料理政務，頒發了一些新的札撒和訓言。大約就在這段時間裡，他還完成了對他的子孫影響極其巨大的宗王分封制度。

蒙古國家的分封制度，淵源於遊牧民的家產分配習俗。成吉思汗剛興起時，就同諸弟相約要互分勝利果實。「太祖皇帝初起北方時節，哥哥弟兄每商量定：取天下了呵，各分地土，共享富貴」。——這條原則一直保存在成吉思汗後裔的記憶中。可能就在建國的 1206 年，成吉思汗在諸弟、諸子中作了第一次分封。《蒙古秘史》記載了這一次的分封戶數：母親訶額侖和幼弟斡赤斤共得一萬戶；長子朮赤得九千，次子察合台八千，三子窩闊台五千，幼子拖雷五千；弟哈撒兒四千，阿勒赤歹二千，別勒古台一千五百。《秘史》特別提到「母親嫌少，不曾做聲」，可見這種分封在被封者看來

是理所當然的。與分得的人戶相應，每個人也分得了土地。成吉思汗在出發西征前就給弟弟們分了封地。他們都分在成吉思汗駐地的東面，故稱「東道諸王」或「左手諸王」。西征結束後，成吉思汗根據新增的疆域，又給諸子劃分了封地。朮赤分得額爾齊斯河以西，直到「蒙古人馬蹄所及之處」（意即很遠很遠），包括阿姆、錫爾兩河下游原花剌子模北部。察合台分得畏兀兒與河中之間原西遼故地，他的駐地在阿力麻里附近的虎牙思。窩闊台的封地在葉密立（今新疆額敏）和霍博（在今新疆和布克賽爾）地區。拖雷是幼子，他是否一樣有封地，還是按蒙古「幼子守產」的風俗即以成吉思汗大斡耳朵所在為封地，史學界有不同意見，我們這裡暫不討論。總之，諸子宗嗣被稱為「西道諸王」，又稱「右手諸王」。蒙古人尚右，西道諸王既然是成吉思汗諸子宗嗣，其地位明顯高於東道諸王。大汗的位置只屬於西道諸王，東道諸王不得問鼎，後來成吉思汗幼弟鐵木哥斡赤斤就因為在貴由即位前覬覦汗位而被處極刑。諸王封地稱兀魯思，其地之最高統治者稱汗。成吉思汗規定，諸王各守封國，汗位只能由一人繼承。

　　成吉思汗在完成了上述這些政務以後，又開始了他的征服活動，於公元 1226 年春親自率兵進攻西夏。

　　西夏自公元 1211 年神宗遵頊即位以來，一直採取親蒙仇金方針，乘蒙古連年伐金的機會，多次攻佔金地，金也不時予以回擊。彼此雖無太大的勝負，但時間長了，均感疲憊，故而雙方朝中均有人主張議和。另一方面，面對蒙古日益頻繁的徵調，西夏也覺不堪奔命，漸漸露出不滿。1217 年，蒙古有感於西夏的不滿，又發兵威脅西夏。蒙古軍突破西夏防衛，直抵中興府，將城包圍。遵頊留太子德任居守，自己逃到西涼，再次派人向蒙古乞降。蒙古軍無意久留，隨即退走。此後西夏朝中反對附蒙伐金的傾向愈益加重，1219 年堅決反對參加蒙古西征的阿沙敢不就是這一傾向的代表，遵頊本人則搖擺不定。1219 年冬至次年秋，西夏與金兩次移文議和，均無結果。當時金朝正困於蒙古的攻戰，對與夏議和有較多誠意，在給夏國的議和書中強調兩國為「唇齒之邦」，希望同舟共濟，共同對付蒙古，但終因遵頊首鼠兩端，和議未成。1223 年春，遵頊命太子德任伐金，德任力主與金議和，遵頊不聽。德任請求避太子位，願削髮為僧。遵頊怒，囚德任於靈州。御史中丞梁德懿上書進諫，切中時弊，亦被罷免。遵頊派兵十萬助木華黎攻金鳳翔府，金兵堅守，夏兵厭戰，遂不告木華黎而退。入冬後，蒙古以鳳翔之役西夏無禮，興兵問罪，圍夏積石州，四出抄掠。遵頊害怕，於這年

底傳位於太子德旺,自稱上皇。元人評論遵頊説:「自天會
議和,八十餘年(金)與夏人未曾有兵革之事。及貞祐(公元
1213—1217,遵頊即位於 1211 年)之初,小有侵掠,以至構
難十年不解,一勝一負精鋭皆盡,而兩國俱敝。」夏、金的
矛盾恰好對蒙古有利。德旺即位,是為獻宗,他決定改變遵
頊的方針,與金言和,互稱「兄弟之國」。他聽説成吉思汗尚
在西域,暗中派人去漠北諸部結援,企圖反抗蒙古。成吉思
汗得悉,密詔木華黎子孛魯討伐西夏。1224 年秋,孛魯攻克
銀州,殺夏兵數萬,擄牲畜數十萬頭,俘西夏監府塔海,命
都元帥蒙古不華鎮守其地要害,然後退兵。德旺怕蒙古再來
進攻,派使臣去蒙古軍前請降,並保證以子為質,但事後又
反悔,不送質子,仍圖抗蒙,終於釀成滅頂之災。

公元 1226 年春(一説秋),成吉思汗發兵前先派使臣去
對德旺説:「我西征前向你們調兵,你們不服從,還譏剌我,
現在我勝利歸來,要同你們算賬。」德旺説:「我沒有講過譏
剌的話。」這時阿沙敢不出來説:「那話是我説的。你們要打
仗,就來賀蘭山;你們要金銀絹帛,就來涼州取。」於是戰
爭爆發。蒙古軍先後攻佔黑水等城,進取沙州、甘州、肅州、
涼州。阿沙敢不有勇無謀,被蒙古軍擒殺,跟隨他的百姓全
被俘虜。成吉思汗恨肅州軍民長久不降,下令屠城,僅 106

戶得免於死。這時，夏獻宗德旺驚悸而死，其侄南平王睍繼
位。十一月，蒙古軍破靈州，大敗西夏嵬名令公所率援軍，
進圍中興府。1227 年春，成吉思汗料定中興府指日可下，
只留部分軍隊繼續圍攻，自己率大軍進入金境，破臨洮府及
洮、河、西寧三州，又拔信都府、德順州。閏五月，避暑於
六盤山。六月，繼續南進，至秦州清水。七月，成吉思汗病
死。臨死前遺言：秘不發喪，勿使敵知；中興府出降時，立
即將夏主與居民全部消滅。不久，中興府糧盡，夏主睍出降，
被殺。居民也遭殺掠，幸有人勸阻，未被屠盡。西夏至此滅
亡，計立國一百九十年。

　　成吉思汗卒年六十六歲。從各種記載看，他的死是多年
積勞所致。他的遺體被送回漠北本土。為了保密，護送遺體
的蒙古軍士殺死了沿途遇到的每一個人。遺體埋葬在鄂嫩、
克魯倫、土拉三河的起源地不兒罕山的起輦谷，據說這是他
生前自己指定的。分散在大蒙古國各處的宗王、後裔、權貴
們紛紛趕回漠北，參加隆重的葬禮。許多人悲痛欲絕，有的
(如木華黎子字魯) 哀毀過甚，以至構疾不起。葬後地被填
平，一任青草叢生，無從辨認。本世紀中葉有幾個國家的歷
史學家和考古學家試圖用現代技術尋覓其地，結果毫無收穫。

第三章

窩闊台時期的征服戰爭

（公元 1230—1241 年）

　　我們知道，成吉思汗在西征前已經指定窩闊台為大汗繼
承人。但從形式上講，新汗即位必須召開忽里台通過，故而
從成吉思汗去世到窩闊台登基，中間有段時間汗位空缺。根
據蒙古「幼子守產」的習俗，這段時間裡就由拖雷監攝國政。
拖雷攝政兩年，至公元 1229 年秋天才舉行忽里台，擁立窩闊
台即大汗位。為甚麼要隔這麼久？忽里台舉行期間又有甚麼
隱秘？中外史學家對這兩個問題有些不同説法，我們留到後
面去講。現在集中敘述窩闊台時期蒙古的征服活動。

一、　滅金

　　窩闊台既即大汗位，就從拖雷手裡接過原屬成吉思汗
的護衛軍萬人和大汗的一切權柄。不久，他便想到要繼續伐
金，完成成吉思汗未竟之業。他派人去對察合台説：「我坐
了父親現成的位子，別人會説我憑甚麼本事。你如果贊同，
我們去伐金如何？」察合台立刻表示同意。於是，窩闊台即
位一年後就親率大軍南下伐金。《元史·太祖紀》記載，成吉
思汗臨終時留下遺言説：「金精兵在潼關，南據連山，北限大
河，難以遽破。若假道於宋，宋、金世仇，必能許我，則下
兵唐、鄧，直搗大梁。金急，必徵兵潼關。然以數萬之眾，

千里赴援，人馬疲敝，雖至弗能戰，破之必矣。」這是成吉思汗伐金 16 年的經驗總結，他要後繼者利用宋、金矛盾，把用兵重點移到金的西南，然後直搗汴京。窩闊台滅金，大體上遵循了成吉思汗的方略。

公元 1330 年秋，蒙古軍大舉南伐，入山西，破天成等堡，渡黃河，拔蒲城、韓城。當時金平章合達、參政蒲阿守閿鄉（今河南靈寶西），以衛潼關，一時難下，蒙古軍遂往西圍攻鳳翔。次年正月，金哀宗兩次詔諭合達、蒲阿領兵出潼關解鳳翔之圍，兩人均未從命。四月，鳳翔陷落，金兵放棄京兆，遷居民於河南，潼關以西之地盡失。但潼關把守仍嚴，蒙古軍屢攻不克。窩闊台北返官山九十九泉（今內蒙古卓資北灰騰梁）避暑，召集諸侯王商討如何加快滅金。有個名叫李昌國的降人，向拖雷建議「出寶雞，入漢中，不一月可達唐、鄧」，拖雷深以為然，轉告窩闊台，遂被採納。窩闊台決定兵分三路：斡赤斤領左軍由濟南西進；拖雷總右軍自鳳翔渡渭水，過寶雞，入小潼關，經宋境，順漢水而下；自以中軍自碗子城南下，渡河，由洛陽進。期以明年春會師汴京。計議既定，窩闊台軍在入秋以後圍攻金河中府（今山西永濟西）。合達、蒲阿派元帥王敢率兵萬人前往救援，未能解圍。十二月，河中府陷。1232 年正月，窩闊台軍由河清白坡（今

河南孟津北)渡河,進屯鄭州。金衛州節度使完顏斜捻阿不棄城逃汴京,黃河遂不守。

　　拖雷軍先鋒按竺邇在公元 1231 年秋進入宋境,先以武力破宋階、成、鳳、西和四州與天水軍,以及七方、武休、仙人三關。其後為加快進入金境,方派搠不罕赴宋營商借道路伐金。宋都統張宣憤蒙古軍無端攻破五州三關,派人誘殺搠不罕。拖雷抓住這個把柄,分兵攻宋諸城堡,長驅入漢中,進襲四川,縱兵大掠。在蒙古軍壓力下,駐守興元的宋將只好讓開大路,派人引蒙古軍出饒風關。拖雷軍從金州(今陝西安康)東進,取房州、均州。十二月,渡漢水,入鄧州境。此前金已將合達、蒲阿軍調防鄧州,他們在州西南禹山險臨設伏兵 20 萬,以待蒙古軍。拖雷軍不滿四萬,金軍初戰卻敵,但心存畏懼,不敢主動進攻。拖雷軍見金軍人眾,又守有利地形,便悄悄散開北行,抄掠金軍後方,只留少數人馬迷惑金軍。1232 年正月,合達等發現拖雷軍主力已轉移,害怕他們乘虛襲擊汴京,也跟着北撤。拖雷軍所過勢如破竹,泌陽、南陽、方城諸縣全被攻陷,所有積聚焚毀無遺。金軍人多臃腫,行動緩慢,又缺給養,等到達鈞州(今河南禹縣)地面,已疲憊不堪。蒙古軍在此列陣以待,但並不正面迎戰,而是間歇騷擾,使金軍不得休息,自己則等待中路軍前來支

援。因為就在金兵抵鈞州次日，窩闊台軍攻下鄭州，蒙古軍的諜報聯絡工作是做得很好的。正月十四、十五兩日，天降大雪，金軍飢寒交迫，困在距鈞州二十里的三峰山下，完全喪失戰鬥能力。蒙古軍裝備較好，習慣於寒冷氣候，窩闊台派來增援的一萬餘騎也已趕到，於是拖雷下令奮擊金兵，「大破之，追奔數十里，流血被道，資仗委積，金之精銳盡於此矣」。蒲阿在逃往汴京的路上被俘。合達率數百騎逃入鈞州，不日鈞州陷，被殺。

三峰山一戰，形勢急轉直下。金哀宗調潼關守將徒單兀典、納合合閏、完顏重喜等率兵入援。兀典等欲奔鄧州，一路遭蒙古軍襲擊。至鐵嶺（今河南盧氏縣北），重喜先降被殺，稍後兀典、合閏也被蒙古軍擒殺，十餘萬金兵不戰而潰。其後河南十餘州均被蒙古攻陷。四月，窩闊台、拖雷北歸避暑，留速不台攻汴京，動身前遣使入汴京諭降。哀宗意欲議和，派去人質與講和使。此時蒙古軍繼續攻城，城中軍民群情激奮，堅持抗敵，用震天雷、飛火槍等火藥武器還擊圍城的蒙古軍，造成較大傷亡。蒙古軍圍攻十六晝夜，不克，暫允議和。金廷喘了口氣，又是大赦，又是改元；汴京解嚴，許百姓男子出入；派使臣奉金帛珍異詣蒙古軍將帥答謝許和；一時好不熱鬧。但很快就流行瘟疫，五十日內諸門送出

死者九十餘萬。七月，蒙古遣使臣唐慶等三十餘人入城迫金朝投降，被金朝軍士申福、蔡元擅自殺死，哀宗免究其罪，蒙金和議遂絕。八月，金參知政事完顏思烈等率兵自汝州(今河南臨汝)入援汴京，在鄭州西面的京水被蒙古軍擊潰。此後汴京糧食緊缺，金廷多次搜括百姓存糧，以至「京師人相食」。哀宗見汴京已不可為，決定出走。1233年春，他以參知政事兼樞密院副使完顏奴申、西面元帥崔立留守汴京，自率部分大臣奔歸德。崔立隨即殺完顏奴申等人，向蒙古投降，速不台率兵入汴京。

哀宗在歸德堅守了幾個月，但內部矛盾重重，悍將專權跋扈，糧食缺少，故而又議奔遷。六月，哀宗入蔡州(今河南汝南)，遣使約各道會兵於蔡，整頓朝政，以圖恢復。但是，他的時間已經不多了。蒙古軍經過幾年戰爭，自身也感疲憊，還深受糧食緊缺之苦，希望儘快結束這場戰爭，所以他們變「假道於宋」的計劃為聯宋伐金。這年八月，蒙古都元帥塔察兒又派漢人王檝使宋，既請宋人提供軍糧、裝備，又與宋約定會攻蔡州，答應攻下蔡州後將河南歸還宋朝。九月，塔察兒率領的蒙古軍逼近蔡州，他們築起長壘，耀兵城下。十一月，宋將江海、孟珙領兵萬人抵蔡，他們還給蒙古軍運來糧食三十萬石。這時雙方力量對比是那麼懸殊，哀宗

自知回天無力,決定以身殉國。天興三年正月初九日(1234年2月19日),蒙古軍攻破西城。當晚,哀宗傳位於宗室承麟。次日,承麟即帝位,百官稱賀,禮畢急出禦敵,宋兵已入南城。城中發生激烈巷戰。哀宗自縊,承麟被亂兵殺害,金亡。金自1115年阿骨打建國,立國凡120年。

滅金提高了窩闊台的威望,現在他不再擔心別人議論他坐了現成的位子,他不失時機地利用滅金勝利來加強自己的權力。當年五月,他在達蘭達葩之地大會諸王、那顏,頒行若干他自己制定的新札撒,又為嚴密宿衛制度作了一些新的規定。同時,在他腦際開始醞釀起一個新的征服計劃,這就是伐宋和新的西征。次年春天,新的征服計劃得到忽里台擁護,他委派了伐宋和西征的統帥,自己則留在漠北料理政務。

順便提一下,窩闊台在滅金前後還侵略了高麗。高麗與蒙古的關係可以上溯到公元1218年,那一年成吉思汗派哈只吉、劄剌領兵追擊跑入高麗的契丹人金山、六哥。高麗國王派兵會同蒙古軍討滅六哥,因而相約「兩國永為兄弟」。後來蒙古每年都派使者到高麗任意勒索,高麗人民不勝騷擾,奮起反抗,於1225年殺蒙古使者,斷絕關係。1231年和1232年,窩闊台兩次派兵入侵高麗,並且一度在王京(今開城)北部州縣設立達魯花赤,均被高麗趕出。1235年,窩闊

台再派兵侵入高麗，高麗不敵，高麗國王在 1241 年以族子為己子入質蒙古。後來在貴由、蒙哥稱汗期間，蒙古又四次派兵征討高麗。到忽必烈即位後，關係才算穩定。

二、　侵宋

金亡以後，蒙、宋之間不再有任何合作基礎，雙方立刻轉入互相防備狀態。孟珙從蔡州回到襄陽，招兵分屯巢湖以北、樊城、新野、唐、鄧間，名「鎮北軍」，以防蒙古。蒙古用塔察兒議，東起曹、濮，西抵秦、隴，在黃河南岸分佈戍卒，防備南宋。可是，由於利害衝突，連這樣的互防狀態也維持不久，未及半載就發生了南宋出兵北上收復「三京」(指汴京、洛陽、歸德) 的事件。當年 (公元 1234 年，宋理宗端平元年) 六月，理宗下詔北征，廬州 (今安徽合肥) 知州全子才率淮西軍萬人抵汴京，城中居民立即殺崔立降宋。接着，宋權兵部尚書兼淮東制置使趙葵也率淮東兵由宿、泗趕到汴京。兩軍相合後，分兵取洛陽、鄭州。時值炎夏，汴京河堤破決，水勢汜濫，糧運不繼，所得城市百姓稀少，無糧可借，給宋軍造成極大困難。塔察兒派大將劉亨安前往洛陽，在城南龍門大敗宋軍，全子才、趙葵返宋後受降級處分。此事史

稱「端平入洛」，它的起因是爭奪河南金朝遺地。事後蒙古指責南宋「開釁渝盟」，破壞和約，實際上這只是一種藉口。蒙、宋既已接界，南宋必然成為蒙古侵吞目標，不管南宋採取甚麼對策，都影響不了蒙古繼續南侵的意圖。「端平入洛」的輕率舉動，只是加速了蒙古的南侵。就在這年秋天，窩闊台在諸王大會上確定了征服南宋的方針。窩闊台先提出「自將伐宋」，木華黎孫、孛魯子塔思此時已襲國王位，自告奮勇，願帶兵南征，窩闊台就讓三子闊出（一作曲出）和塔思共同統兵征討南宋。1235年春，窩闊台再次召開忽里台，決定西征與南征並舉。因西征參加者為各系諸王，尚需準備，次年方才出發。南征當年夏天開始，分兩路進軍：東路軍由闊出、塔思和諸王口溫不花（成吉思汗弟別里古台子）等率領，漢軍萬戶張柔、史天澤等從征；西路軍由窩闊台次子闊端和都元帥塔海等統率，漢軍萬戶劉黑馬等從征。窩闊台派兩子分統兩軍南下，固然反映出他對攻宋的重視，但與此同時他派諸系長子（包括他自己的長子貴由）率十餘萬大軍西征，似乎又說明他並沒有一舉滅宋的打算。那時從東到西，兩國交界綿延三千里，如果在兵力上不佔絕對的優勢，短期內是不可能征服南宋的。窩闊台已有滅金滅夏的經驗，不會不懂得這一點。後來滅宋戰爭又用了四十多年，固然原因很多，

但與窩闊台此時的做法不無關係。

1235 年夏，闊出一軍經金州、房州、光化，順漢水而東，七月二日抵唐州棗林，戍守唐州的宋京湖制置副使全子才等棄兵夜遁。九月，大舉進入荊湖地區，宋鄧州守將趙祥率部眾開城門迎降，闊出用為先鋒。蒙古軍繼攻棗陽，守將樊文彬督兵堅守，終因寡不敵眾，棗陽被史天澤攻陷，文彬自縊死。蒙古軍攻襄陽，不能下，分兵攻隨州（今湖北隨縣）、郢州（今湖北鍾祥）。1236 年二月，襄陽宋兵發生內亂，守將趙範等逃往荊州，城陷。其後隨州等地宋朝將官也先後棄城逃跑，蒙古軍順利佔領德安（今湖北安陸）、郢州、荊門、隨州。蒙古軍又攻枝江，進逼江陵，宋派孟珙往援。珙在江上多方防守，又率兵出擊，敗蒙古軍，江陵得完。十月，塔思率軍南下攻蘄、黃，破固始，進拔符鎮、六安縣焦家寨。這時，闊出卒於軍中。據《史集》記載，闊出很聰明，窩闊台有意讓他繼承汗位。主帥之死，無疑影響到蒙古軍的作戰，其後一段時間，蒙古軍徘徊不前，有些地方又為宋朝奪回。

1237 年秋，張柔率兵往屯曹武鎮（今湖北京山縣東）。十月，口溫不花與塔思率主力南下，與張柔兵會合，取光州（今河南潢川），分兵四向。塔思往東南，攻大蘇山（今河南

商城縣東南），大肆屠掠。史天澤向西南，取復州（今湖北天門）。口溫不花自率大軍南下，宋舒城（今安徽舒城）、蘄州（今湖北蘄春）守臣聞風逃跑，兩地不戰而下。蒙古軍集中兵力攻黃州（今湖北黃岡），宋派荊鄂都統孟珙往援。兩軍先激戰於江上，繼對壘於城下。蒙古軍以火炮攻城，孟珙督軍民堅守。戰鬥延續到次年春間，蒙古軍損失頗重，撤圍而去。在圍攻黃州期間，蒙古軍還北上攻安豐（今安徽壽縣南）。宋安豐知軍杜杲善守城，早有準備，得池州都統制呂文德軍援助，又與鄰境壽春（今壽縣）界上的余玠軍配合，粉碎了蒙古軍的多次進攻。蒙古軍圍城三月，死亡萬餘，落得與黃州之役一樣的結果。大約經過半年多的準備，1238 年秋，蒙古軍在馬步軍都元帥察罕統率下，再次攻淮西。察罕是西夏人，早從成吉思汗，參加過攻金、西征、滅西夏，作戰經驗豐富。他的軍隊由多種民族組成，號稱八十萬，猛攻廬州（合肥）。這次又逢杜杲守城，蒙古軍攻勢雖然凌厲，仍不見效。察罕攻城先用女真人、漢人，不勝；再用回回人，又不勝；最後用蒙古人，還是不勝。城下遺屍二萬六千，損失輜重器械不計其數，蒙古軍只好轉移，取了天長縣和滁、壽、泗等州。當時廬、泗、盱眙、安豐間宋兵防禦嚴密，察罕軍雖有小勝，銳氣已減。相比而言，南宋軍隊戰鬥力有所增強。就在這一

年，受孟珙節制的京西湖北路陸續收復光化、信陽、郢州、荊門等地。1239 年，襄陽也復歸宋有。淮東宋將余玠還率水軍溯淮入河，經亳州（今安徽亳縣），上抵汴城、河陰（今河南滎陽北），戰勝蒙軍，全師以還。

　　現在我們來看西面的闊端軍隊這幾年的作戰情形。1235 年八月，闊端軍由鳳州入河池（今甘肅徽縣）。九月，破沔州（今陝西略陽），宋知州高稼戰死。宋四川制置使趙彥吶屯青野原（在今徽縣南），被蒙古軍圍困，宋將曹友聞率軍救援，擊退蒙古軍。蒙軍又從秦州南下，一支攻文州、階州，一支趨大安，意欲入蜀。趙彥吶督諸將攔阻，曹友聞守陽平關（今陝西寧強西北），再敗蒙古軍。十月，闊端親率大軍至鞏昌（今甘肅隴西），早先已向蒙古納款的金鞏昌便宜總帥汪世顯率軍民萬家歸附。汪世顯為汪古部人，是當地豪族，他歸附後從征蜀地，增強了蒙古軍的力量。這一年闊端軍的目標似乎只是抄掠與偵察，得地多不置守，頗像早年伐金時那樣。

　　1236 年三月，宗王穆哥（拖雷第八子）自西和州（今甘肅西和）南下，進入階、文、龍（今四川江油縣北）三州邊外的諸蕃之地，招徠一批諸蕃部兵。八月，蒙古軍大舉南下。闊端以塔海為元帥，以汪世顯為先鋒，率蒙古、西夏、女真、

回回、吐蕃、渤海等族軍，號稱五十餘萬，出大散關而南；另以穆哥與大將按竺邇破宕昌（今甘肅宕昌縣東南），經階州、龍州，出陰平（今四川劍閣西北）古道，期於成都相會。闊端軍先攻武休關（今陝西留壩縣南），擊潰宋興元戎司都統李顯忠所率軍隊，遂入興元，再由興元西衝大安。趙彥吶調曹友聞守大安，曹友聞欲憑險據守沔陽（今陝西勉縣東），彥吶不從。友聞無奈，只得於陽平關設伏以待蒙軍。九月下旬，塔海率兵抵關，伏發，遭關內外宋兵夾攻。次日，闊端、汪世顯軍趕到，蒙古兵力大增。曹友聞軍寡不敵眾，趙彥吶不予援助，苦鬥二日，全軍戰歿。陽平關一失，沿線宋軍相繼後撤，蜀門大開，蒙軍迅速進入內郡。十月一日，闊端軍入朝天關（今四川廣元北），十日至閬中，然後一分為三：涉江而西者入普城（今安岳）；順流而下者入順慶（今南充）；由新井（今南部縣西）、監亭而東者入潼川（今三台）。十八日，闊端軍齊集成都附近，當天有蒙古鐵騎三百詐豎李顯忠旗幟進入成都。四川安撫制置副使兼知成都府丁黼等起初誤以為是前線敗歸的宋兵，張榜招納，及至弄清來者真面目，才匆忙應戰。十九日，蒙古兵大至，城陷，丁黼死於巷戰。闊端分兵四出，內地州縣本不設防，大多不戰而破。「凡四川府州數十，殘其七八」。蒙古軍隊繼續執行屠戮燒掠的方針，

所經之地人口銳減，田園荒蕪。其後闊端自返河西，途經漢州（今廣漢），穆哥也率軍來會。塔海與按竺邇留在蜀地，此後二三年間，不時縱兵四出抄掠，進一步殘害蜀地州縣。1239年秋，按竺邇部沿嘉陵江而下，取重慶。汪世顯部東抵萬州（今萬縣），然後順流東下，破夔州（今奉節），至巫山；部分蒙軍南向破施州（今湖北恩施）。此時已屆1240年初。南宋朝廷恐長江上游蒙古軍繼續東進，威脅中游，急忙調兵上禦。幸而此時江陵以下地區形勢較緩，孟珙時任京湖制置使，帥師西上，與蒙古軍激戰於歸州（今湖北秭歸），在巴東擊潰蒙軍，遏制了蒙軍衝出三峽的意圖。

從公元1235年到1240年，蒙古與南宋打了五年仗，與戰爭相伴，也有過議和的舉動，但因蒙古要價過高，和議未成。1240年和1241年，蒙古又先後派遣王檝與月呂麻思使宋議和。此時南宋已認識到蒙古並無誠意，更重要的是宋軍在戰場上的地位已有好轉，故而將王檝、月呂麻思扣留不放，後來兩人都死在宋境。

公元1241年十一月窩闊台去世，此後數年蒙古並未停止侵犯南宋，塔海、按竺邇、察罕繼續在四川和江淮以北與宋軍作戰，但因蒙古宗王忙於汗位爭奪，無暇南顧，使蒙宋戰爭一直處於僵持狀態。

三、 拔都西征

　　窩闊台關於再次大規模西征的決定，是與伐宋的決定同在公元 1235 年作出的。事實上，他在即位之初就已經開始向西方派兵了，那是由札蘭丁圖謀重建花剌子模帝國引起的。1224 年成吉思汗東歸後，札蘭丁從印度回到伊朗，很快奪得起兒漫（在撒馬爾罕與布哈拉之間）、伊斯法罕等地，被花剌子模舊將和各地諸侯擁戴為王。其後四五年內，札蘭丁進取阿塞拜疆全境，佔桃里寺，侵谷兒只，攻巴格達，恢復了許多原先被蒙古軍攻佔的地方。因此，窩闊台一即位就派箭筒士綽兒馬罕領軍三萬征討札蘭丁。綽兒馬罕從呼羅珊進攻阿塞拜疆，札蘭丁本人不戰而逃，於 1231 年 8 月死於土耳其東部的山中。此後綽兒馬罕就留在那裡，他的軍隊在 1233 年抵桃里寺，在 1236 年入大阿美尼亞。1241 年綽兒馬罕病死，其妻代領其眾，次年由拜住接替。

　　公元 1235 年窩闊台決定大舉西征時，由於綽兒馬罕已經在中亞站穩腳跟，主要目標便集中在欽察草原和羅斯地區，那裡有許多地方是十多年前者別、速不台風馳電掣般地抄掠過的。據說，窩闊台本想親征欽察草原，其時蒙哥在旁，表示有事可由子弟服其勞，使他放棄了親征的想法。他根據

察合台的意見，命令各支宗室的長子參加西征，各萬戶、千戶、百戶那顏以及公主、駙馬的長子都要從征。窩闊台說：「這派遣長子出征的意見是察合台兄提出的。察合台兄曾說：增援速不台可令諸皇子的兄長出征。如果以長子出征，則兵多將廣。兵多了就表現威力強大。那裡的敵人多，敵國廣；那裡的國家百姓也厲害，據說憤怒的時候能用刀砍死自己，而武器也很銳利。依照察合台兄這樣謹慎的話，所以派遣長子出征 (這段話《四部叢刊》本《元朝秘史》總譯的文字過於簡略，未盡其意。此處引自中華書局 1956 年出版的謝再善譯《蒙古秘史》270 節)。」因為有窩闊台這番話，有的歷史書就稱這次西征為「長子出征」。但是，參加西征的不限於長子，《史集》列出了參加者的名字，他們是：朮赤子拔都、斡兒答、別兒哥、昔班，察合台子拜答兒、孫不里，窩闊台子貴由、合丹，拖雷子蒙哥、撥綽，等等。窩闊台明確指示：「這些遠征的皇子和大臣們以拔都為首領導」，因而習慣上稱這次西征為「拔都西征」。這一年貴由、拔都、蒙哥都是二十六、七歲的人，雖然過去二十多年從別國掠得的財富已足以供他們盡情享受，察合台、窩闊台仍要他們領兵遠征，他們本人也不辭疲勞，足見那時蒙古統治者的尚武精神如何強烈。窩闊台同他父親一樣，肯把幾個兒子 (貴由、闊端、

闊出和合丹)同時投入戰場,這是南宋皇帝絕對做不到的。就這一條,也能起到鼓舞士氣的作用。西征軍的靈魂是速不台,他早有西征經驗,而且在滅金戰爭中又一次顯示過他的統軍才幹,足以輔導諸王。

公元 1236 年春,速不台與大部分參征諸王動身西行,所率軍隊大約有十餘萬人。他們在秋天到達不里阿兒人境內,與先已抵達的拔都兄弟會合。蒙古軍很快攻克不里阿兒城,這是座大木城,1223 年速不台與者別曾攻打該城,沒有取勝。此次攻克後,大肆虜掠,將城焚毀。入冬以後,蒙古軍沿伏爾加河而下,居住在伏爾加河與烏拉爾河之間玉里伯里山的欽察部首領之子班都察率眾歸附。另一欽察部首領八赤蠻不肯降,被蒙古軍擊敗後逃至裡海一島上藏身。蒙哥聽說後迅速前往,涉水登島,擒殺八赤蠻,屠其部眾。然後蒙哥又攻打了附近的阿速人。

公元 1237 年秋,拔都召開了一次忽里台,決定諸王共同征伐羅斯 (13 世紀的羅斯不等於今天的俄羅斯,它包括第聶伯河中游地區,今天烏克蘭首府基輔亦在其中)。蒙古軍首先征服位於伏爾加河丘陵地西北部的莫爾多瓦,進抵梁贊國。他們先向梁贊大公尤里·伊戈列維奇 (玉里吉) 提出要全體居民繳納什一稅,遭到拒絕。尤里·伊戈列維奇一面派

人向鄰近其他大公求援，一面派兒子費多爾率領使團帶着禮物去見拔都，但是他的努力都失敗了。1237 年 12 月 16 日，蒙古軍包圍梁贊城。經過六天激戰，至第七天城陷。大公被殺；居民有的被殺死，有的被燒死。「一切蕩然無存，只剩下煙、焦土與灰燼。」接着，蒙古軍隊經科洛姆納和莫斯科繞向弗拉基米爾公國，在科洛姆納擊潰弗拉基米爾大公尤里·弗謝沃洛多維奇的軍隊。當時莫斯科城尚小，居民沒有抵抗，仍被屠掠，守城大公也被俘虜。1238 年 2 月 3 日，蒙古軍抵達弗拉基米爾城下，四天後攻陷該城，縱兵大掠，繼之以火。尤里·弗謝沃洛多維奇正外出召集軍隊，整個弗拉基米爾公國很快落到蒙古軍手中。3 月 4 日，拔都軍隊在西齊河上擊潰羅斯軍隊，尤里·弗謝沃洛多維奇戰死。次日，蒙古軍別部攻佔托爾若克。在此期間蒙古軍分兵四出，攻陷羅斯托夫、雅羅斯拉夫、戈羅傑茨、尤里也夫、德米特里也夫、沃洛克諸城。

3 月中旬，蒙古軍向諾夫哥羅德方面前進，但不久因氣候轉暖，湖泊解凍，道路泥濘，被迫後退。拔都在回路上轉向東南，順路攻打科集爾斯克城。這是個小城，但其軍民英勇抵抗，苦戰七週後方才陷落，居民被屠殺。由科集爾斯克再向南便進入欽察草原西部。欽察汗忽灘被擊潰，帶着殘部

逃往馬札兒（匈牙利）境內。拔都軍在欽察草原休整一段時間，又返回羅斯，朝第聶伯河推進，滅彼列亞斯拉夫爾公國。這年冬季，蒙哥、貴由統兵征討庫班河的阿速人，攻阿速都城蔑怯思，三月方克。阿速一部首領杭忽思率眾降，蒙哥命其子阿塔赤及阿速軍千人從征。

公元 1240 年夏間，蒙哥率兵來到基輔，據說他對這座城市的美麗與宏偉感到驚奇，不想毀掉他，派使入城勸降。基輔人殺死使者，基輔大公米哈伊爾逃往匈牙利。形勢雖然危急，羅斯王公們仍不忘內訌。斯摩棱斯克的一位王公被請到基輔執政，卻被伽里赤公丹尼爾抓走，後者讓德米特爾千戶鎮守基輔。不久，拔都親率大軍圍攻基輔。蒙古軍用攻城機擊破城牆，衝入城內，在教堂附近與居民戰鬥。德米特爾受傷，城陷後他因表現勇敢被拔都赦免。基輔被攻佔的日子，一說是 11 月 19 日，一說是 12 月 6 日。拔都、速不台、蒙哥、貴由、斡兒答、拜答兒、不里、合丹都參加了攻城戰役。此後，貴由、蒙哥便被窩闊台召回蒙古。

公元 1241 年春，蒙古軍繼續西進。他們分成兩支，一支由拜答兒與速不台子兀良合台等率領侵入波蘭（孛烈兒），另一支由拔都和速不台率領侵入匈牙利。當時波蘭處於分裂狀態，國王無力組織抵抗。拜答兒軍於 2 月渡過維斯瓦河，

蹂躪桑多梅日和波蘭首都克拉科夫。繼而進入西里西亞，渡
奧得河，攻西里西亞都城弗洛茨拉夫。西里西亞大公亨利在
利格尼茨城集結波蘭軍、日耳曼兵和條頓騎士團共三萬人，
準備迎敵。蒙古軍在數量和裝備上均佔優勢。4月9日，兩
軍交戰於利格尼茨附近的尼斯河平原，波蘭條頓軍大敗，亨
利被殺。傳說蒙古士兵在戰場計算殺敵數目，從每個屍體上
割下一耳，總計裝了九大袋。當月蒙軍入摩拉維亞，一路焚
殺，直到今天的德、捷、波三國交界處。拜答兒又領兵圍攻
摩拉維亞境內的奧洛穆茨城，城中軍民堅守，不克。6月24
日夜，城中軍民突襲蒙古軍營，蒙軍不備，損傷較大，拜答
兒戰歿。蒙軍殺戰俘祭拜答兒，三日後撤圍南下，入匈牙利，
與拔都大軍會合。

　　拔都軍在3月進入匈牙利，兵鋒直指匈都城佩斯。匈牙
利國王貝拉四世在位已五年，與諸侯、貴族不和。1239年
貝拉四世接納被蒙古擊敗的欽察汗忽灘數萬人入境，他們所
過騷擾，激起原有居民怨恨。這些矛盾交織在一起，削弱了
匈牙利的戰鬥力量。3月12日，當邊防將領歸報蒙軍已入
境時，貝拉正在布達城召集諸侯、貴族開會。他立即讓與會
者各還本地徵集軍隊，自己糾集軍隊屯駐布達對岸的佩斯城
（兩城今合稱布達佩斯）。蒙軍不日至佩斯城下，連續挑戰，

貝拉堅守不出。這時居民見蒙古軍中有不少欽察人，懷疑忽灘與蒙古軍同謀，招之來匈牙利，便殺忽灘及其左右人員。各地農民聞訊，紛紛殺欽察人，欽察人也殺匈牙利人為忽灘復仇，國中大亂。貝拉原來指望欽察人組成軍隊與蒙軍作戰，至此希望全部落空。4月，各地援軍稍至，貝拉率兵出戰，蒙軍後退至撒岳河東。貝拉營於河西，附近有橋，以為蒙軍只能過橋來襲，派千人守橋。4月10日夜間，速不台在下游結筏偷渡，繞至貝拉軍營後方，拔都率諸王先從上流涉淺灘過河，置七炮攻橋。黎明，匈軍發現被圍，士兵喪失鬥志，競相奪路而走。蒙古兵在後追逐，殺敵無數，在速不台率領下乘勝攻拔佩斯城，盡殺居民，縱火而去。據《元史·速不台傳》記載，速不台在此戰役中起了決定性作用。當時諸王對是否立即進取佩斯有些遲疑，要速不台轉回，速不台說：「你們要回自回，我不到多瑙河佩斯城決不返回。」說完馳馬直撲佩斯，諸王立即跟上。後來拔都說起此事，讚道：「當時所獲，皆速不台功也。」

　　近代西方史學對事實上是以速不台為首的這支蒙古西征軍的作戰能力，給予極高的評價。英國歷史學家約翰·巴格內爾·伯里（公元1861—1927年）說：「只是在最近，歐洲的歷史才開始懂得，1241年春天那支蹂躪了波蘭、佔領了匈

牙利的蒙古軍隊之所以贏得勝利是由於完善的戰略，而不是僅僅由於數量上的壓倒優勢。……在維斯瓦河下游伸延到特蘭西瓦尼亞的軍事行動中，指揮官的部署得到那麼準時和有效地貫徹執行，這是令人驚異的。這樣的一個戰役是完全超出那時任何歐洲軍隊的能力的，也超出任何歐洲指揮官的想像能力的。在歐洲，上自〔德皇〕弗里德里希二世，下至他的麾下，沒有一個將軍在戰略上比起速不台來不是一個閱歷淺薄的新手。我們還應當注意到，蒙古人是充分了解了匈牙利的政治形勢和波蘭的情況才從事這場戰爭的——他們用組織得很好的密探系統取得情報；而另一方面，匈牙利人和基督教諸國，卻像幼稚的蠻族人一樣，對自己的敵人幾乎一無所知。」

　　公元 1241 年夏秋間，蒙古軍隊仍在多瑙河東面匈牙利平原駐紮，休養兵馬，時而外出抄掠。8 月，一支蒙古軍進至維也納新城附近，當時城中僅有戌兵五十、弩手二十。奧地利公和波希米亞王等合兵來禦，蒙古兵退走。12 月，拔都率軍踏冰過多瑙河，於聖誕節那天攻取匈牙利另一大城格蘭。1242 年初，派合丹領一軍追逐匈牙利王貝拉。貝拉先逃到奧地利，維也納公弗里德里希二世起初偽裝歡迎，很快就乘人之危多方逼迫貝拉。貝拉攜家屬出走克羅地亞境內的薩

格勒布,最後逃入亞得里亞海邊島上。合丹軍一邊追趕,一邊沿途抄掠,於 3 月間屯駐海邊,守望貝拉所棲小島。不久,進兵達爾馬提高地,取道塞爾維亞,與拔都軍會合,此時窩闊台去世的消息已經傳到,拔都正準備東返。他們在高加索山北部駐紮數月,因欽察人又起來反抗蒙古統治,攻拔都之弟升豁兒,需出兵鎮壓。1243 年初,拔都大軍回到伏爾加河下游營地。

這次西征的結果,是在欽察草原及其鄰近地區的遼闊土地上形成了一個大國,它在中亞史料中稱為朮赤兀魯思或青帳汗國,在俄羅斯編年史中稱為金帳汗國。

第四章

蒙哥時期的征服戰爭

（公元 1251—1259 年）

自從公元 1241 年底窩闊台去世，蒙古國的政局動盪了將近十年。先是窩闊台六皇后脫列哥那攝政四年多，至 1246 年夏由窩闊台與脫列哥那所生長子貴由即汗位。貴由在位不到兩年，死於西巡途中。自 1248 年夏季起，貴由妻斡兀立海迷失垂簾聽政，朝政紊亂，政出多門。以察合台系、窩闊台系宗王為一方，以朮赤系和拖雷系宗王為另一方，圍繞着汗位繼承問題明爭暗鬥，後一方終於取得勝利（詳見本書第六章）。蒙哥在 1251 年六月即汗位，立刻採取打擊敵對諸王的種種措施，同時整頓朝政，加強大汗權力。他命忽必烈總領漠南漢地軍民事；以忙哥撒兒為斷事官；立燕京等處行尚書省事、別失八里等處行尚書省事、阿母河等處行尚書省事，分治中原漢地、畏兀兒至阿姆河、阿姆河以西之地。針對前幾年諸王勢力膨脹、擅自為政，蒙哥規定：凡朝廷及諸王濫發牌印、詔命、宣命，盡收回；諸王乘驛馬，許乘三騎，遠行也不得過四騎；諸王不得擅招民戶。對南侵軍隊，蒙哥也作了佈置：「以荼寒（察罕）、葉了干統兩淮等處蒙古、漢軍，以帶答兒統四川等處蒙古、漢軍，以和里 統土蕃等處蒙古、漢軍，皆仍前征進。」在此以前，西藏封建主已自願承認是蒙古藩屬，故而此時蒙古在土蕃有駐軍。

在蒙哥即位前的十年中，蒙古的對外征服戰爭基本上處

於停滯狀態。新的大汗要建立自己的威望,靠上述種種措施是不夠的,還必須繼續成吉思汗和窩闊台的擴張事業。拉施特說,蒙哥即位「第二年,國位已經鞏固,涉及敵人和朋友的事也已辦完,聖慮開始移注於征服世界上東、西方的遠方各城」。這樣就開始了新一階段的征服戰爭,主要目標仍然是西方和南宋,分別由兩個弟弟旭烈兀和忽必烈擔當其事。拉施特說,當時蒙哥的想法是:「既然某些國土已在成吉思汗時代征服,某些國土尚未從敵人處收復,而世界上的土地遼闊無比,因此,我讓自己的每個兄弟去開拓邊疆,去完全征服邊地,加以守衛,而我自己則住在古老的禹兒惕里坐鎮中央;無憂無慮地依靠他們,我將極幸福地度過歲月,並作出公正裁判。近處的某些敵人領地,我將親自率領京城附近的軍隊去征服和解救。」

一、 旭烈兀西征

旭烈兀西征的主要目標是伊斯蘭教什葉派的一支伊斯瑪儀派和以巴格達為中心的哈里發勢力。伊斯瑪儀是 8 世紀中葉什葉派第六代伊瑪目 (教長) 賈法爾·薩迪格的長子,他因酗酒被其父剝奪伊瑪目繼承人的資格。他的追隨者不服,

在他們父子兩人去世以後形成伊斯瑪儀派。9 世紀以後，伊斯瑪儀派在伊朗、敘利亞、阿拉伯半島南部以及中亞地區有廣泛影響，並傳入北非，本身又分裂成許多小的支派。12 世紀中葉，伊斯瑪儀派在伊朗中部和北部的一支發展很快，教義也起了變化，他們廢除正統的伊斯蘭教軌，形成一個宗教國，教長成了君主，組織軍隊，攻城略地，尤其注意培訓刺客，從事暗殺活動。周圍的穆斯林深受其害，稱他們為木剌夷人，意為迷途者。蒙古征服伊朗大部分地區以後，這些木剌夷人繼續進行騷擾。從 1242 年起鎮守伊朗地區的拜住，曾向蒙古汗廷控告木剌夷人的種種罪行。其後首席伊斯蘭教法官苫思丁‧可疾維尼也向蒙哥訴說了木剌夷人橫行霸道、奪取權力的某些情況。因此，蒙哥下決心鏟除木剌夷人並非因為他們的教義，而是因為他們危害蒙古在當地的統治。

　　派旭烈兀西征木剌夷人，得到全體宗王的同意。據拉施特說，蒙哥從「旭烈兀的天性中看出了霸業的徵候，並從他的作為中知道他的征服者的習慣」。這大概是指旭烈兀野心勃勃並且驍勇好戰吧。蒙哥命令，過去由綽爾馬罕、拜住先後率領的駐伊朗軍隊，以及由塔亦兒拔都、撒里率領的前往克什米爾和印度的軍隊，現在都歸旭烈兀統領。蒙哥又命

諸王各從自己的軍隊中每十人抽調二人,由諸王子弟率領從征。考慮到木剌夷人佔領了許多山城堡壘,又從漢地簽發炮手、火箭手千人隨軍前往。公元 1252 年 7 月,乃蠻人怯的不花率 12000 人先行。1253 年 10 月,旭烈兀統兵出發,沿途不斷受人宴請慰勞,不急不忙,到 1255 年 9 月才抵達撒馬爾罕。接着在撒馬爾罕附近宴樂四十天,又在碣石城住了一個月,分遣使者曉諭西亞諸國國王,要他們自率軍隊前來從征。次年 1 月,渡阿姆河,呼羅珊、阿塞拜疆、谷兒只的王侯都帶重禮前來迎接。開春以後,阿母河等處行尚書省事阿兒渾前來晉見,隨從中有後來寫《世界征服者傳》的作者志費尼。旭烈兀把志費尼和其他幾個人留在身邊,繼續西行,至吉爾都怯堡。該堡築於擔寒山上,山極高險,懸梯上下,守兵強悍,先前怯的不花久攻不克。旭烈兀大軍到後,架炮攻堡。旭烈兀又命怯的不花與諸將攻取忽希斯單(山地,在今伊朗伊斯法罕省與亞茲德省之間)未下諸地,屠禿溫鎮。5 月,蒙古軍攻克沙黑里思丹,居民除工匠外全部被殺。

就在旭烈兀駐於碣石城的時候,木剌夷王阿老瓦丁被人暗殺,據說暗殺的主謀者是阿老瓦丁長子魯克那丁。魯克那丁繼位後,派其弟沙歆沙向蒙古請降。公元 1256 年 6 月,

蒙古軍隊

沙歆沙謁見旭烈兀,旭烈兀要魯克那丁本人來見,並且要他們毀掉幾個城堡。魯克那丁遵命毀了幾個城堡,並同意在境內設置蒙古長官,但對自己出來謁見旭烈兀一事則請求寬限一年。旭烈兀認為魯克那丁故意延宕,堅持要他本人儘快來見,同時又發兵攻下數堡。使者往返幾次,魯克那丁仍在麥門底司堡避而不出。於是旭烈兀命令諸軍四路並進,於 11 月抵麥門底斯堡,架炮圍攻。數日後魯克那丁出降,派人陪同旭烈兀使者四出招諭未降諸堡,全部平毀。魯克那丁自請朝見蒙哥,旭烈兀派人送他去蒙古,蒙哥拒見,魯克那丁於歸途中被護行的軍校和隨從殺死。旭烈兀在魯克那丁去蒙古以後大殺伊斯瑪儀派信徒,連兒童也不放過。魯克那丁的族人全部被殺於阿卜哈爾和加茲溫。但伊斯瑪儀派作為一個宗教派別在當地並未完全絕跡。

公元 1257 年春,旭烈兀從加茲溫移駐哈馬丹,準備進攻巴格達。當時統治巴格達的,是建立於 750 年的阿拔斯王朝。這個國家在中國史籍中稱黑衣大食,西方文獻稱它為東薩拉森帝國。其王稱哈里發,意思是「繼承者」,即安拉的使者的繼承者,世襲。10 世紀中葉以後,哈里發喪失其在穆斯林世界的政治權力,僅保有宗教領袖地位,轄境只有伊拉克阿拉比之地,但穆斯林諸國君長即位時仍需向哈里發請求冊

封。1242 年，第三十七代哈里發謨斯塔辛即位，此人平庸無能，專務遊樂，其下大臣互相傾軋，居民怨恨。旭烈兀了解了情況，於 1257 年 9 月派使者去見謨斯塔辛，責怪他沒有派兵從征木剌夷人，向他歷數先前與蒙古敵對的各國君主的可悲下場，要他本人前來相見，最後警告他說：「如果你服從我們的命令，那就不要和我們敵對，國土、軍隊、臣民仍將留下給你。如果你不聽我們的勸告，想反抗我們，和我們敵對，那就部署軍隊，指定戰場吧。」謨斯塔辛對旭烈兀的威脅不知道該怎樣對付：他想聚集軍隊同蒙古人作戰，卻不捨得給士兵餉銀和犒賞；他想同旭烈兀講和，又不捨得向旭烈兀進獻厚禮。他臣下還利用他的優柔寡斷，屢進讒言，互相傾軋。最後，他莫名其妙地派使者去見旭烈兀，反向旭烈兀指出：「迄今為止企圖侵犯阿拔斯家族和世界之城巴格達的一切君主的結局都是非常不幸的」，「君王對阿拔斯家族蓄有惡念是不會有好處的。」旭烈兀非常憤怒，把使者打發走了就着手部署和裝備軍隊。

11 月，蒙古軍三路並進：拜住與不花帖木兒、速渾察所統之軍合為右翼，從摩蘇爾渡底格里斯河到巴格達城西面，朮赤諸孫率本系兵以從；怯的不花、忽都孫統左翼兵，自羅耳邊境進；旭烈兀自領中軍從乞里茫沙杭、火勒旺一道進。

1258年1月中旬，哈里發副掌印官艾伯格和將官費禿丁領兵迎戰，被蒙古軍擊潰，費禿丁與戰士12000人陣亡，艾伯格率殘部退回巴格達。蒙古軍進圍巴格達，在河兩岸築壘，壘外掘濠向城，又取磚築小丘，置投石機與炮石、火油瓶於丘上。1月30日，蒙古軍同時向巴格達三面城門發起猛攻，先破東門。此後數日，哈里發幾次遣使並遣子至蒙古軍營請降，旭烈兀拒絕接見，繼續攻城。2月10日，哈里發親率三子及教長、法官、貴人等三千人出降。旭烈兀以禮接待，命令他叫城中居民棄械出城投降。城中居民蜂擁而出，全被屠殺。13日，蒙古兵入城燒殺，只有少數基督教徒與外國人倖免於難，因為旭烈兀長妻脫古思可敦和怯的不花都是聶里脫里派基督教徒。15日，旭烈兀騎馬入城巡視哈里發宮廷，大宴諸將。席間叫來哈里發，要他交出宮中財物，又對哈里發後宮進行登記，共有后妃七百、宦者千人。巴格達連續燒殺七天，死亡八十萬人。20日，旭烈兀離開巴格達，停駐於瓦黑甫村，下令處死哈里發及其長子。阿拔斯朝至此滅亡，立國五百零八年。

從伊拉克再往西，就是敘利亞了。敘利亞王納昔兒見蒙古軍攻陷巴格達，非常震驚，當年就派其子阿昔思和宰相札奴丁攜重禮往見旭烈兀，意欲求和。旭烈兀責問阿昔思，為

甚麼納昔兒自己不來。他留下阿昔思，至次年開春放歸，並
讓他帶給其父一封諭降書，要求納昔兒迅速歸降。納昔兒回
書作答，宣稱：「納昔兒王、賽甫丁、阿老瓦丁以及敘利亞之
其他將卒不畏作戰，急盼馬嘶與戰士之衝突，蓋彼等曾發誓
願與汝等一戰也。」於是，旭烈兀決定進兵敘利亞。1259 年
9 月，旭烈兀以怯的不花為先鋒，拜住統右翼，速渾察統左
翼，自領中軍從阿黑剌忒西進。一路攻城略地並召集鄰近地
區王侯率兵從征。不久，逾幼發拉底河。納昔兒聚集軍隊結
營於大馬士革城北不遠的伯兒哲，與臣下商議如何應戰。宰
相札奴丁主張納款投降，大將貝巴兒思則持相反意見。納昔
兒本性暗弱，平日不理政事，喜作詩詞，他的軍隊不相信他
能有所作為，他也不相信軍隊將士敢與旭烈兀軍隊對陣，故
而敘利亞軍隊不戰自潰。納昔兒慌忙將妻、兒和財寶送往埃
及。公元 1260 年初，旭烈兀軍圍攻阿勒頗城，數日後城陷，
燒殺五日，積屍遍街市。其後許多城市不戰而降。納昔兒從
大馬士革逃往埃及，大馬士革人推法官木哈亦丁為首席代
表，赴蒙古軍營請降。旭烈兀賜給木哈亦丁錦袍，命他為敘
利亞大斷事官，保證保護居民的生命財產。3 月 1 日，怯的
不花率軍入大馬士革。當時內城軍民不肯投降，怯的不花從
3 月 21 日開始架炮攻內城，半個月後內城降，遭蒙古軍屠殺

焚燒。這時蒙哥去世的消息傳來，旭烈兀決定返回伊朗大不里士，留蒙古軍二萬人交怯的不花統率，繼續攻略未下地區。

納昔兒逃至埃及，不容於埃及王忽禿思，輾轉逃至巴勒哈，在齊查湖畔被蒙古軍捕獲。怯的不花把納昔兒和他的親屬送往大不里士。據說旭烈兀待納昔兒很好，答應在取得埃及以後把敘利亞還他。

怯的不花以旭烈兀的名義遣使招諭忽禿思投降，忽禿思與大臣們議定殺蒙古使者，出兵應戰。由於旭烈兀在伊拉克、敘利亞對清真寺破壞較大，對基督教徒又特意保護，使忽禿思能夠以保護伊斯蘭教的名義呼籲聖戰，激勵將士。9月3日，忽禿思軍與怯的不花軍會戰於阿音札魯特，蒙古軍先勝後敗，怯的不花戰死（一說被俘後遭忽禿思殺害）。敘利亞大將貝巴兒思參加了這次戰役，他乘勝而進，蒙古全軍覆沒。接着埃及軍隊進入大馬士革、阿勒波，直到幼發拉底河邊為止的敘利亞所有地區，俘獲怯的不花的妻子、子女和親族，殺死蒙古所置官員。消息傳到旭烈兀那裡，他悲憤異常，想出兵復仇，但因漠北阿里不哥與漠南忽必烈的戰事已起，情況和時間都不允許他實現再次出兵的願望，只得作罷。

旭烈兀在忽必烈與阿里不哥汗位之爭中支持忽必烈，為

此忽必烈把東起阿姆河，西至敍利亞邊境，北抵高加索山，南至波斯灣的大片土地都劃歸他統治。他自稱伊利汗。「伊利」是突厥語，意為部族。旭烈兀用這個名稱表示他對大汗的從屬關係，實際上是在欽察汗國的南面又建立了一個汗國，史稱伊利汗國。他與拔都的繼承人別兒哥不和，自公元1262年起交戰兩年有餘。他以篾剌合（今伊朗阿塞拜疆馬臘格）為都城，在那裡建造了天文台。拉施特說他熱愛知識，獎勵學者。他於1265年2月8日病逝，年四十八。長子阿八哈繼位。

二、 滅大理

公元1252年，忽必烈受命攻南宋；在攻南宋之前，蒙哥派他先取大理。

大理是雲南白族段氏在公元937年建立的政權，其統治區域，包括今天的雲南全省、貴州和廣西的西部、四川南部以及緬甸、泰國、老撾的部分地方，都城大理（今屬雲南）。境內民族繁多，經濟、文化都有一定程度的發展。段氏崇奉佛教，政權與宗教幾乎相混。蒙古征大理前，大理國主段興智在位，但國家大權一直在世為相國的善闡（今昆明）高氏

手中,國內階級矛盾、民族矛盾及地區間的矛盾尖銳複雜,段氏不能治。蒙古自從闊端進入四川、吐蕃地區以後,曾幾次試探進入大理國境,雖未深入,但對大理情況已經有所了解。蒙哥派忽必烈攻取大理,一方面固然以大理本身為目標,但更深的目的是要利用大理的人力物力與地勢,從背後進攻南宋。

1252 年夏,忽必烈率軍南下,以速不台子兀良合台總督軍事。兀良合台曾參加其父與拔都領導的西征,又有擁立蒙哥為汗之功,是個有勇有謀的大將。參加遠征大理的,還有漢人和色目人的軍隊。忽必烈身邊的漢人謀士姚樞、劉秉忠、張文謙等,也隨同出征。這些漢人謀士向忽必烈建議此行要少殺人,忽必烈表示能夠做到。

1253 年夏,忽必烈駐師六盤山。八月,至臨洮。不久進入藏族地區,到忒剌(今甘肅省迭部縣與四川若爾蓋縣之間的達拉溝)後兵分三路,向南挺進。

西路軍由兀良合台率領,入阿壩草原,取道今甘孜藏族自治州南下,入大理境內之旦當(今雲南中甸)。摩些部酋長唆火脫因、塔里馬等聞風來降。西路軍遂渡金沙江,分兵入察罕章(即白蠻,今白族)境,依次攻下各個山寨,進取都城大理北面的龍首關(在洱海東北)。

　　東路軍由諸王抄合、也只烈率領，經四川西北草原的古隴道，入松（松潘）、茂二州，出岷江故道，經雅、黎二州，渡大渡河南下。

　　忽必烈自統中軍，經阿壩草原，循大渡河西岸南下，由今瀘定縣東渡大渡河，招降東岸吐蕃等部。九月，忽必烈自岩州出兵攻宋黎州，得西路軍已渡金沙江的消息，立即督兵南下，在富林渡口再次越過大渡河，取古清溪道，經安寧河谷而南，於十一月至金沙江。忽必烈軍乘革囊及木筏渡江，由麗江石關南進。

　　大理國起初想把蒙古軍攔截於金沙江沿線，由國相高祥親自率兵屯戍。及至蒙古軍陸續渡江南來，高祥自知不敵，退回大理都城。忽必烈先已派遣使者三人入大理城招諭段氏君臣投降，許以不殺不掠。大理拒降，三人被殺。十二月中旬，蒙古軍三路人馬會齊大理城下，忽必烈下令攻城。段興智、高祥背城出戰，大敗。忽必烈又派使臣入城招降，仍被拒絕。大理城破，段興智連夜逃奔善闡。高祥逃往姚州（今雲南姚安），被蒙古兵追殺。忽必烈因大理曾殺使者，欲屠其城，經姚樞、張文謙等人諫阻，下令禁殺並張旗曉諭街巷。

　　1254年春，忽必烈率師北返，留兀良合台領兵戍守大理

城,繼續征服大理境內尚未歸附的部落。這年秋天,兀良合台東取善闡,發炮攻城,七日後城陷,段興智被俘。次年,兀良合台送段興智及其季父信且福往蒙古,朝見蒙哥。蒙哥賜段興智金符,命他回大理助兀良合台安輯諸部。1256年,段興智獻地圖,幫助蒙古軍征服境內未降各部,並奏陳治民立賦之法。當時兀良合台已在原大理國境內立萬戶府十九。蒙哥按大理舊制賜給段興智「摩訶羅嵯」(梵語,意為大王)的稱號,命他管理雲南各部。1257年底,兀良合台南攻安南(今越南北方),段興智也率軍從征。

段興智投降後,兀良合台又用了兩年時間才征服大理五城、八府、四郡之地,計有烏蠻、白蠻等三十七部。1256年,兀良合台奉命北上與四川的蒙古軍會合,遂出烏蒙(今雲南昭通),趨瀘江,經嘉定、重慶,抵合州,與鐵哥帶兒軍會師。次年,還鎮大理。1258年,蒙哥命兀良合台率師攻宋,約次年正月會軍長沙。經過五年多時間,終於實施了從南北兩面夾擊南宋的計劃。

三、 侵宋

公元1252年,還在忽必烈準備取大理之前,姚樞向忽

必烈分析了窩闊台時闊端、闊出兩個太子征伐南宋的經驗、教訓，他指出，當初「降唐、鄧、均、德安四城，拔棗陽、光化，留軍戍邊，襄、樊、壽、泗繼亦來歸。而壽、泗之民盡於軍官分有，由是降附路絕。雖歲加兵淮、蜀，軍將惟利剽殺，子女玉帛悉歸其家，城無居民，野皆榛莽」。姚樞認為，應該杜絕軍將任意剽殺，採取留軍戍邊的辦法，「以是秋去春來之兵分屯要地，寇至則戰，寇去則耕。積穀高廩，邊備既實，俟時大舉，則宋可平」。忽必烈深以為然，立即付諸實施，置河南經略司於汴梁，以史天澤、楊惟中、趙璧等為經略使，屯田唐、鄧、嵩（今河南嵩縣）、汝、蔡、息、亳、潁諸州，「授之兵、牛，敵至則禦，敵去則耕」。在西面，鞏昌便宜總帥汪德臣（汪世顯子）和都元帥帶答兒以兵戍利州（今四川廣元），亦置屯田，控制了四川喉襟之地。這些舉措，無疑加強了蒙古侵宋的實力。但其後三四年間，蒙古並未大舉侵宋，因為南滅大理的戰爭佔用了忽必烈兩年多的時間；再後兩年，忽必烈或因身體有病，或因蒙哥對他產生疑忌，駐留於金蓮川（今內蒙古自治區閃電河一帶）藩邸，未能南顧。直到 1256 年秋，蒙哥決定親自南征，才又挑起蒙宋間的大規模戰爭。

　　據《史集》記載，這次南征是亦乞列思部駙馬帖里干提

議的，他對蒙哥説：「南宋離我們這麼近，並與我們為敵，我們為甚麼置之不理，拖延着不去征討呢？」蒙哥對他的話十分贊同，接着便説：「我們的父兄們，過去的君主們，每一個都建立了功業，攻佔過某個地區，在人們中間提高了自己的名聲。我也要親自出征，去攻打南宋。」這是他即位六年來第一次決定出征，也是窩闊台滅金二十二年來第一次大汗親征，自然是以消滅南宋為目的。《史集》詳細列出參加這次南征的宗王和貴族的名單，但原來受命負責南征的忽必烈卻被排除在外。據《史集》記載，這是因為別勒古台那顏奏告蒙哥説忽必烈正患足疾，蒙哥同意讓忽必烈在家休息。然而，我國學者根據漢文史料證實，因蒙哥疑忌，忽必烈被解除了兵柄，他在金蓮川北岸着手營建開平府城（在今內蒙古自治區正藍旗境內）。

1257 年春，蒙哥命令諸王、諸將準備征宋。九月，蒙哥出師，留幼弟阿里不哥鎮守和林。南征軍分為兩翼：蒙哥自率右翼軍，進取四川；諸王塔察兒率左翼軍，攻荊襄、兩淮。拉施特説，蒙哥所率右翼軍有六十萬，塔察兒軍三十萬。我國學者認為，這兩個數字過於誇大，估計征蜀兵力只有七萬左右。這年秋天，左翼軍進至漢江，以騎兵攻打襄陽、樊城，數日不克。時值霖雨連月，塔察兒放棄攻城，回到原來的營

地。蒙哥聞訊大怒，表示日後要予以嚴懲。過了一年，塔察兒依然一功未建，被蒙哥召往四川，蒙哥只好請忽必烈南下參加攻宋。

蒙古軍在四川取得較多勝利，那裡有汪德臣、帶答兒前幾年在利州屯戍打下的基礎。蒙哥出師當年，命帶答兒子紐璘(時帶答兒已死)將兵萬人略地。紐璘自利州南下白水，過閬州(今閬中)大獲山，出梁山軍直抵夔州。同一年，漢軍都總管劉黑馬乘虛佔領成都，他向蒙哥建議「立成都以圖全蜀」，被蒙哥採納，授以管領新舊軍民小大諸務。次年南宋攻成都，不克。紐璘自夔州經釣魚山(在今合川縣)西行，突破宋軍攔截，長驅至成都，擊敗來攻宋軍，乘勝進圍成都東北、金堂縣南的雲頂山城。不久，城中糧盡，守將姚德投降。一時西川諸州相繼降蒙。七月，蒙哥統大軍至漢中。

1258年四月，蒙哥駐夏於六盤山。七月，經寶雞入大散關。九月，駐蹕漢中。十月，至利州，渡嘉陵、白水兩江，駐蹕劍門。督兵攻苦竹隘(在劍門關西，今名朱家寨)，宋將楊立堅守。不久城破，楊立戰死，蒙哥下令屠城。十一月，破長寧山城(位於今劍閣、蒼溪兩縣之間)，宋將王佐戰死。又攻閬州大獲山城，宋守將楊大淵降。十二月，運山(今蓬

安東南)、青居山 (今南充市南)、隆州 (今仁壽)、大良山、石泉 (今川北) 相繼降,拔雅州。在此之前,紐璘率成都兵突破宋馬湖江防線,「鼓譟渡瀘,放舟而東」,抵達涪州 (今涪陵)。

1259 年初,蒙哥遣降人晉國寶至合州釣魚城招降宋守將王堅。王堅拒降,執殺晉國寶。楊大淵欲斷釣魚城後援,攻合州,俘男女八萬人。二月,蒙哥集各路蒙古軍圍攻釣魚城。王堅率城中軍民奮勇抗敵,利用險峻的山勢,多次擊退蒙古軍的強攻。五月下旬,宋以呂文德為四川制置副使,率舟師溯嘉陵江而上,救援合州,被史天澤擊敗,退回重慶。釣魚城軍民繼續堅守,蒙古軍屢攻屢敗。六月,汪德臣死。七月,蒙古軍中疫疾 (拉施特說是霍亂) 流行,蒙哥病死。蒙哥一死,其子阿速帶立即率大軍護靈柩北還,只留少量軍隊於釣魚城外。蒙哥屍體葬於成吉思汗和拖雷的葬地。

蒙哥之死緩解了南宋的緊張局勢。那時忽必烈奉命率兵南下,已至汝南。八月,忽必烈渡淮,破大勝關 (今河南羅山縣北),繼入淮西,進抵黃陂,至江岸。九月初,得穆哥由合州遣來使者的報告,確知蒙哥已死。忽必烈決定繼續渡江,圍攻鄂州 (今湖北武漢市武昌)。宋兵堅守鄂州,蒙古軍圍城兩月,不克。十一月,忽必烈得長妻察必的急使來告,

阿里不哥在漠南北遣將調兵，圖謀即大汗位。謀士郝經等勸忽必烈迅速北返，正好南宋新任右丞相賈似道私下派人來議和，忽必烈便與賈似道達成和議，率軍北返。

第五章

忽必烈時期的征服戰爭

（公元 1260—1293 年）

- ◆ 兄弟鬩牆，為汗位而戰
- ◆ 國號「大元」，「紹百王而紀統」
- ◆ 攻降襄陽 —— 鏖兵五年的收穫
- ◆ 臨安受降，征服「島夷」
- ◆ 輝煌難再 —— 侵略日本、爪哇的敗績

公元 1259 年閏十一月，忽必烈抵達燕京，正逢阿里不哥任命的斷事官阿里赤在燕調集民兵。忽必烈問阿里赤招兵的原因，阿里赤託稱是執行蒙哥遺命。忽必烈看出其中包藏禍心，立刻遣散阿里赤所集民兵。1260 年三月，忽必烈回到開平，召集一部分擁護自己的東、西道宗王，舉行忽里台，宣佈即大汗位。四月，忽必烈以即位事詔告天下，自稱成吉思汗「嫡孫之中，先皇(蒙哥)母弟之列，以賢以長，止予一人」，「不意宗盟，輒先推戴。……於是俯徇輿情，勉登大寶」。他還效法中原歷代王朝，定當年為中統元年，開始建元紀歲。與忽必烈即位同時或略早，阿里不哥在和林城西按坦河也召集一部分宗王舉行忽里台，宣佈為大汗。這樣，兄弟之間爆發了戰爭，並把其他各系諸王捲入其中。優勢自然在佔有中原之地並有豐富的政治、軍事經驗的忽必烈方面。中統五年七月，經過四年的鬥爭，阿里不哥困無出路，只好領着諸王玉龍答失、阿速帶、昔里吉和謀臣不魯花等向忽必烈投降。忽必烈以諸王均為成吉思汗後裔，「並釋不問」，殺不魯花等人。這年八月，忽必烈改燕京為中都，又改元至元。兩年後，阿里不哥病死。

阿里不哥雖死，其他諸王鬧割據的事相繼發生，其中影響最大的是海都。海都是窩闊台之孫，蒙哥時被封於巴爾喀

什湖與伊犁河之間的海押立。他對汗位被拖雷系奪走一直心懷怨恨，在阿里不哥與忽必烈的鬥爭中支持阿里不哥。阿里不哥死後，他召集一部分窩闊台、察合台、朮赤系諸王舉行忽里台，被推為盟主。他們相約保持遊牧生活與蒙古舊俗，與忽必烈對抗，並且派人責問忽必烈為何留駐漢地、採用漢法。忽必烈不能容忍，從至元五年（公元1268年）起與海都多次交戰，互有勝敗。海都統治下的窩闊台汗國西至喀什和塔拉斯河谷，南及天山南麓，東抵吐魯番，北達額爾齊斯河上游。海都死於元成宗大德五年（公元1301年），其子察八兒繼位。八年後，察八兒投降元朝，其地大部分被察合台汗也先不花佔有，窩闊台汗國滅亡。

忽必烈在位三十多年，一直與西北和東北的宗王割據勢力進行鬥爭，那些地方都是蒙古業已征服的地區。忽必烈的征服活動主要是向南推進，首先是消滅南宋。

一、 滅宋

公元1259年冬忽必烈北返前與賈似道的和議，是賈似道私下與忽必烈達成的秘密協議，其主要內容是南宋稱臣，以江為界，歲奉銀絹匹兩各二十萬。那時賈似道任右丞相不

久，在蒙古退兵後掩蓋協議內容，以「再造之功」入朝受賞。
1260 年夏，忽必烈即汗位，以郝經為國信使，何源、劉人傑
為副使往宋，要求履行和約。賈似道怕郝經到後泄露真相，
把他們囚禁在真州（今江蘇儀徵），久不放歸。其後忽必烈
幾次派人到南宋詰問郝經等下落，均無結果。1261 年秋，
忽必烈以南宋拘留信使不還為理由，下詔命將士舉兵攻宋，
但因當時正在同阿里不哥作戰，無力大舉南下。南宋朝廷對
忽必烈的警告全不在意，仍然聽任賈似道擅權作惡，將官之
間相互傾軋，白白荒廢了幾年可用以加強備戰的時機。1261
年夏，發生了原潼川十五軍州安撫使、知瀘州軍州事劉整以
瀘州十五郡三十萬戶降蒙的事件。劉整原是孟珙部下，在攻
金、抗蒙戰爭中屢立戰功，深為孟珙器重。因受呂文德、
俞興排擠誣陷，投告無門，變節降蒙。劉整在宋領兵近三十
年，知宋虛實，故而降蒙後連續兩年得忽必烈召見。至元元
年冬，劉整入朝，向忽必烈建言滅宋，並且提議「先攻襄陽，
撤其扞蔽」。此時忽必烈見北方業已鞏固，採納了劉整的意
見。在這之前三個月，征南都元帥阿朮（速不台孫，兀良合
台子）已攻過襄陽，他看出攻打山水寨柵必須有漢軍參加，
不能單靠蒙古本族人組成的軍隊，向忽必烈建議「宜令史樞
（史天澤侄）率漢軍協力征進」，忽必烈接受了他的意見。忽

忽必烈

必烈還命令陝西、四川督造戰艦,為劉整建立水軍用。

至元五年(公元 1268 年)七月,忽必烈升劉整為鎮國上
將軍、都元帥。九月,劉整與阿朮督軍圍襄陽,在鹿門堡、
白河口壘築城堡,切斷宋軍援兵。宋襄陽知府兼京西安撫副
使呂文煥看出劉整、阿朮此舉的厲害,派人至鄂州報告其兄
呂文德,呂文德掉以輕心,沒有發兵援助。十一月,呂文煥
以襄陽守軍攻蒙古諸寨,為阿朮所敗。次年春,史天澤與駙
馬忽剌出率兵抵襄陽前線,沿山築堡,加強對襄陽的包圍。
七月,宋沿江制置副使夏貴率水軍援襄陽,至鹿門山,被蒙

古水軍擊敗。1270年,呂文煥曾出兵突襲襄陽城西萬山堡的蒙古軍,宋將范文虎也以兵船兩千艘來援襄陽,均被蒙古軍擊敗。宋軍屢敗的重要原因是朝廷腐敗,大臣擅權。即使像呂文德、呂文煥這樣的將領,也與賈似道勾結,排擠打擊其他有作為的將領。由於賈似道欺下瞞上,襄陽被圍三年,度宗方始得知。一些憂慮國事的官員只好憤然去職。

與南宋朝廷的萎靡腐敗相對照,忽必烈主持的蒙古朝廷這時在政權建設上又跨出了一步。至元八年(公元1271年)十一月,忽必烈再一次效法中原歷代王朝,發佈詔書,宣佈建國號「大元」。他在詔書中追溯唐虞夏殷、秦漢隋唐的國號,自許要上承「古制」,「紹百王而紀統」,又以本國「輿圖之廣,歷古所無」,申明不願仿效秦漢或隋唐以初起之地名或所封之爵邑為國號,而取《易經》「大哉乾元」之義,國號「大元」。

改國號「蒙古」為「大元」,不是一個簡單的易名,它至少意味着以忽必烈為首的一部分蒙古貴族在觀念上的轉變,他們認識到要統治幅員如此廣闊、人口如此眾多的國家,不能再用初起時之國名「蒙古」,以利於減少一點隔閡。其次,它表明忽必烈意識到自己地位的鞏固,可以不再理會像海都那樣保守的蒙古宗王的指責。要知道「大蒙古國」是成吉思

汗定下的國號,忽必烈如果不具備充分的政治實力和改革勇氣,是不會去改動它的。當然,從另一個角度講,放棄「蒙古」國號也標誌着原先由成吉思汗各系子孫共同組成的大蒙古國的瓦解。下面我們就把廣義的蒙古軍改稱為元軍或元兵。

至元九年(公元1272年)春,元軍攻樊城,破外郭,宋軍退保內城。入夏以後,一支由三千人組成的民兵隊伍,在張順、張貴率領下,由襄陽西北的清泥河上游入援襄陽。他們分乘輕舟百艘,舟上裝載襄陽城中急需的鹽、布等物資以及各種武器,於五月二十四日夜間順流而下,苦戰一夜,於二十五日抵襄陽,給城中軍民很大鼓舞。張順、張貴先後於來去途中戰死。元兵進一步加強封鎖,此後襄陽沒有再得到任何外援。

至元十年(公元1273年)初,元軍加緊進攻樊城,從中亞調來炮匠用回回炮助攻,又焚毀樊城與襄陽之間的水上浮橋,切斷襄、樊聯繫。樊城終於不支,城陷,守將牛富、王福犧牲。二月,元軍移破樊炮具至襄陽,一面加強攻勢,一面招諭呂文煥獻城投降。元軍統帥、參知政事阿里海牙親臨城下對呂文煥呼話,保證給予呂文煥高官厚祿,且折矢為誓。呂文煥此時已對宋廷絕望,城中將領有人出城投降,於是舉城降,孤軍奮戰五年的英名盡付流水。隨後呂文煥北上

朝見忽必烈，忽必烈授以昭勇大將軍、侍衞親軍都指揮使、襄漢大都督，仍守襄陽。次年，改授呂文煥為荊湖行中書省參知政事，行中書省向忽必烈建言：「江漢未下之州，請令呂文煥率其麾下臨城諭之，令彼知我寬仁，善遇降將，亦策之善者也。」呂文煥成了現身説法，替元朝招降宋將的工具。

　　襄陽既下，一批將相大臣請求繼續南伐。四月，忽必烈在召見呂文煥以後，立刻向謀臣姚樞、許衡、徒單公履等問計。許衡迂闊，以為不可。徒單公履説：「乘破竹之勢，席捲三吳，此其時矣。」忽必烈表示贊同。至元十一年(公元1274年)初，忽必烈又召阿里海牙、阿朮、史天澤等議論伐宋事，最後確定以伯顏統率諸軍。伯顏是蒙古八鄰部人；其祖阿刺，為八鄰部左千戶兼斷事官，從成吉思汗西征，攻忽氈有功；其父曉古台，從旭烈兀攻西域。伯顏是在西域長大的，至元初年奉旭烈兀派遣向忽必烈奏事，被忽必烈留在身邊。受命南征前，任同知樞密院事，是當時最高的軍事官員。既受命，領河南等路行中書省事。六月，忽必烈詔諭全體伐宋將士説：「爰自太祖皇帝(成吉思汗)以來，與宋使介交通。憲宗(蒙哥)之世，朕以藩職奉命南伐，彼賈似道復遣宋京詣我，請罷兵息民。朕即位之後，追憶是言，命郝經等奉書往聘，蓋為生靈計也，而乃執之，以致師出連年，死傷相藉，

系累相屬，皆彼宋自禍其民也。襄陽既降之後，冀宋悔禍，或起令圖，而乃執迷，罔有悛心，所以問罪之師，有不能已者。今遣汝等，水陸並進，佈告遐邇，使咸知之。無辜之民，初無預焉，將士毋得妄加殺掠。有去逆效順，別立奇功者，驗等第遷賞。其或固拒不從及逆敵者，俘戮何疑。」這是一篇滅宋的動員令，文章寫得很好，短短二百餘字，就把興師理由和對敵政策講清楚了。從元朝的立場上看，說得的確有理。從發佈這篇詔書起，僅用一年零八個月時間，就滅掉了宋朝。下面是滅宋的簡單經過。

至元十一年九月，伐宋大軍在襄陽會師，分三道並進。伯顏與阿朮率中道兵循漢江趨郢州（今湖北鍾祥），以萬戶武秀為前鋒。臨近郢州時得知宋軍有備，便越過郢州攻拔下游之黃家灣堡。繼至沙洋，招降守將王虎臣、王大用，兩人拒降，伯顏用火炮攻城，城破，元軍屠城。南取新城，宋將邊居誼堅守，城陷，宋兵三千人力戰而死，邊居誼全家自焚。十一月，元軍抵復州（今湖北天門），知州翟貴以城降。伯顏至蔡甸（今湖北漢陽）。十二月，元軍在漢口江岸大敗宋軍，攻克陽邏堡，遂據大江南北兩岸。鄂州、漢陽、德安守將以城降，宋都統程鵬飛率軍降。

至元十二年（公元 1275 年）春，黃州（今湖北黃岡）、

蘄州 (今湖北蘄春)、江州 (今江西九江)、南康軍 (今江西
星子)、安慶、池州 (今安徽貴池)、太平 (今安徽當塗)、無
為、巢縣、和州 (今安徽和縣) 的南宋守將紛紛投降。在此
期間，賈似道為了掩蓋自己的誤國罪責，集諸路精兵十三萬
抵蕪湖，擺出一副孤忠抗戰的樣子。但他一到前線就派人到
伯顏軍中求和。伯顏回答說：「未渡江，議和入貢則可。今
沿江諸郡皆內附，欲和，則當面來議也。」賈似道無奈，只
好準備一戰，命孫虎臣率七萬人駐丁家洲 (今安徽銅陵北)，
夏貴統戰船二千五百艘橫亘江中，想以優勢兵力堵截元兵。
二月中旬，兩軍交戰僅一日，宋兵大潰，賈似道逃往揚州，
夏貴奔廬州 (今安徽合肥)，孫虎臣也逃走。此戰之後，元軍
沿江而下，如入無人之境，二月末已至建康 (今江蘇南京市)
之龍灣。從三月至十月，元軍又收降或攻取了一些地方，「江
東諸郡皆下」。

十一月，伯顏分軍為三路，期會於南宋都城臨安 (今浙
江杭州市)。他自領中路軍由鎮江攻常州，拔之，屠其城。
十二月，抵無錫。宋臣柳岳等奉幼帝 (即宋恭帝趙㬎，時年
五歲) 及謝太后 (理宗后) 書來請求退兵，伯顏問道：「如欲
我師不進，將效錢王納土乎？李主出降乎？」又說：「爾宋昔
得天下於小兒之手，今亦失於小兒之手，蓋天道也，不必多

言。」伯顏講的都是宋初故事:錢王、李主即吳越王錢俶和南唐後主李煜,前者在宋太宗太平興國三年 (公元 978 年) 向宋盡獻所據土地,後者於宋太祖開寶八年 (公元 975 年) 宋軍攻陷金陵 (今江蘇南京市) 以後被俘投降;所謂「昔得天下於小兒之手」,是指公元 960 年宋太祖趙匡胤從剛剛即位的後周小皇帝柴宗訓手中奪取帝位,那時柴宗訓年方八歲。伯顏的話雖然尖刻,卻都是事實。不過,這些話恐怕都是漢族儒士教給他的,伯顏本人哪裡會有這些歷史知識。

　　接下來的事非常簡單。至元十三年 (公元 1276 年) 正月十八日,宋廷派人向伯顏奉上傳國玉璽和降表。二月五日,趙㬎正式投降,元改臨安為兩浙大都督府。南宋至此滅亡。其後南宋境內雖然還有各種反抗,都不能改變被征服的結局。

　　這場征服戰爭在當時就被看成是統一戰爭了。伯顏在接受宋廷投降以後向忽必烈拜表稱賀,一上來就說:「國家之業大一統,海岳必明主之歸;帝王之兵出萬全,蠻夷敢天威之抗。」有意思的是,在這篇深浸儒家觀念的賀表中,承接正統的是忽必烈,即所謂「道光五葉,統接千齡」,而宋朝卻成了「蠻夷」。「獨此島夷,弗遵聲教,謂江湖可以保逆命,舟楫可以敵王師。連兵負固,逾四十年,背德食言,難一二計」。——這就是統一者對「蠻夷」的譴責。沒有漢族儒士,

伯顏是寫不出來的。

二、 侵略日本、安南、占城、緬國與爪哇

　　忽必烈滅南宋前後還侵略了一些亞洲國家,下面擇要講點情況。

日本

　　至元三年 (公元 1266 年) 八月,忽必烈命兵部侍郎黑的充國信使,禮部侍郎殷弘充國信副使,持國書使日本。從國書看,忽必烈是希望日本像高麗一樣遣使來朝,「通問結好」。忽必烈使高麗國王派人護送黑的等前往,高麗國相李藏用怕增加高麗負擔,暗中勸說黑的等以道遠不達復命。次年六月,忽必烈再派黑的等到高麗,要高麗國王務必辦好通使日本的事,高麗國王派起居舍人潘阜持國書到日本,沒有得到答覆。至元五年 (公元 1268 年),忽必烈命黑的、殷弘再往,高麗派人護送他們到對馬島,日本人拒不接待。此後幾年,忽必烈繼續遣使者赴日本,當時統治日本的鎌倉幕府仍不作答,因而忽必烈決定用武力征服日本。至元十一年 (公元 1274 年) 初,命高麗製造大小戰船九百艘,簽發三萬多工

匠、民夫。三月，命高麗鳳州經略使忻都和高麗軍民總管洪茶丘準備征討日本。十月，忻都等率軍二萬五千人從合浦（今朝鮮馬山）乘舟出發，襲擊對馬、一岐兩島，在肥前松浦郡、築前博多灣等地（今福岡附近）登陸。日本守軍予以抗擊。元軍雖有小勝，但因隊伍不整，箭矢用盡，又遇颱風，乃匆忙撤退，「惟虜掠四境而歸」。

至元十八年夏秋間，元軍經過長時間準備，第二次征討日本。這次出兵規模比上次大得多，動用了原來南宋的江南水軍。五月，忻都等率軍四萬從合浦出發，在築前志賀島登陸。六月，南宋降將范文虎率江南軍十萬，從慶元（今浙江寧波）泛海抵日本平戶島。兩軍指揮官內部矛盾重重，並且遇到日本軍的堅決抵禦，在鷹島逗留不進。八月一日夜晚颱風大作，元軍戰船大多損壞，許多軍士溺死海中。忻都、范文虎等慌忙逃回，留在島上的元軍被日軍殲滅，十四萬出征元軍損失了五分之四。在這以後，元朝沒有再侵略過日本。

安南、占城

安南與雲南交界，占城在安南南面，都是越南歷史上的國家。公元 1257 年底，兀良合台在征服大理以後曾一度侵

入安南京城升龍(今越南河內)，數日後退出。其後二十多年，忽必烈忙於攻滅南宋，沒有對安南用兵，但不斷施加壓力，想要安南臣服。至元十七年(公元1280年)，占城國主向元朝稱臣納貢。次年，元朝冊封他為占城國王，同時設置占城行省和安南宣慰司，準備進一步控制占城與安南。至元二十年(公元1283年)底，元朝先以占城扣留元朝派往海外的使者為理由，派占城行省右丞唆都率兵從廣州航海至占城港(今越南平定省歸仁)屯駐，遭占城軍民反擊。同年，忽必烈還命己子鎮南王脫歡統率大軍，以假道攻占城為名，進入安南。至元二十一年，唆都奉命撤出占城，北攻安南。安南軍民奮起反抗，越戰越強。唆都戰死，脫歡退出安南。至元二十四年，忽必烈命脫歡再侵安南，仍不能佔領其地。

緬國

　　緬國指緬甸歷史上的蒲甘王朝，它建國於9世紀中葉，至13世紀中葉國勢衰微。忽必烈派兵侵緬也是在至元二十年，理由是緬王不肯降服而且不放回元朝派去的使臣。元軍攻佔江頭城和太公城，緬王棄蒲甘城南奔，並遣使向元軍乞和。未過幾年，緬國內亂，各地貴族和部落統治者紛紛自立，多數向元朝納貢稱臣，元朝設宣慰司進行治理。

爪哇

　　爪哇島今屬印度尼西亞。在 13 世紀下半葉的南海諸國中，爪哇是比較強盛的。忽必烈滅南宋以後多次派人出使爪哇，爪哇也遣使通好，但其國王就是不肯親來朝見忽必烈。至元二十六年，爪哇國王葛達那加剌將元朝使臣黥面遣回，因此忽必烈決定出兵征討。至元二十九年（公元 1292 年）冬，忽必烈命福建行省平章亦黑迷失、史弼、高興率兵往攻。亦黑迷失等於十二月從泉州出發，次年春天抵爪哇。當時爪哇發生內戰，元軍介入，消耗了兵力。不久，遭當地軍隊夾攻，史弼等匆匆撤出，登舟回國，於當年十二月入大都。這次出兵損失慘重，三人因罪受罰（一說高興未罰）。據說忽必烈還想舉兵攻爪哇，但已無可能，因為一個月後他就去世了。用兵爪哇是忽必烈軍事生涯中所進行的最後一次征服戰爭。

三代人物

現在我們撇開征服戰爭，分別介紹成吉思汗祖孫三代中一些主要人物的其他事跡。

一、 成吉思汗

童年時代的鐵木真，沒有表現出甚麼異於常人的稟賦。九歲那年，也速該把他留在德薛禪家，特別關照說：「我兒子怕狗，休教狗驚着。」這在遊牧地區的兒童中，多少顯得有點懦弱。他後來英勇果斷，是環境造就的，是他父親去世後那段艱難困苦的生活磨練出來的，也是從他母親訶額侖那裡繼承的。《蒙古秘史》說：訶額侖含辛茹苦把兒子們帶大，「這般艱難的時分，養得兒子每（們）長成了，都有汗的氣象」；「訶額侖菜蔬養來的兒子，都長進好了，敢與人相抗」。短短幾句話，說盡了訶額侖堅強剛毅的性格給兒子們的影響。

嚴酷的生活環境，鑄成鐵木真個性中殘忍的一面。《蒙古秘史》記載，就在躲避泰赤烏氏迫害的歲月裡，鐵木真、合撒兒因為與異母弟別帖兒爭奪捕到的魚雀，竟用箭射死別帖兒。訶額侖知道後，狠狠地數說了鐵木真兄弟倆，責怪他們泰赤烏氏的仇尚未能報，就像「吃胞衣的狗」般殺害了自己的兄弟。成年後尤其是稱汗後的鐵木真，一面是恩怨分

明，一面則是睚眥必報。族人不里孛闊是鐵木真父親也速該的堂兄弟，因故砍傷鐵木真弟別勒古台肩甲，鐵木真見了，問是怎樣被不里孛闊砍了。別勒古台為人寬厚，回答說：傷勢不重，不要為我壞了家人關係。後來鐵木真教兩人搏力，不里孛闊因怕鐵木真，佯裝力氣不及別勒古台，倒在地上。別勒古台回頭看鐵木真，鐵木真咬下唇示意，別勒古台便把不里孛闊脊骨折斷。不里孛闊臨死前說：「我本不輸，因怕鐵木真，假裝力氣不及，想不到把自己的命送了。」《秘史》說，不里孛闊同另一支親族好，把鐵木真這一支疏遠了，所以雖有一國不及之力，終不免折腰而死。但是，鐵木真自制力很強，如果必要，他也能忍讓。叔父答里台斡赤斤追隨過王罕，鐵木真想殺他，博兒朮等勸鐵木真看在父親的份上不要殺他，鐵木真想起父親，心中辛酸，也就作罷。

　　鐵木真好思考，不多說話，故而《元史‧太祖紀》說他「深沉有大略」。他對臣下說：「經過三個賢人評定的話，可以在任何場所一再重複地說，否則就不可靠。要將自己的話、別人的話同賢人們的話進行比較，如果合適的話，就可以說，否則就不應當說。」又說：「說話時要想一下：這樣說妥當嗎？無論是認真地說出去或者開玩笑地說出去，反正再也收不回來了。」他還說：「到長者處時，長者未發問，不應

發言。長者發問以後，才應作適當回答。因為如果他搶先說了話，長者聽他的話那倒還好，否則他就要碰釘子。」他自己總是想好了再開口，所以說一不二。

鐵木真也有一套修身齊家治國平天下的格言。他說：「能治家者即能治國」，「能清理自身內部者，即能清除國土上的盜賊」。他還說：「凡是一個民族，子不遵父教、弟不聆兄言，夫不信妻貞，妻不順夫意，公公不讚許兒媳，兒媳不尊敬公公，長者不保護幼者，幼者不接受長者的教訓，大人物信用奴僕而疏遠周圍親信以外的人，富有者不救濟國內人民，輕視習慣和法令、不通情達理，以致成為當國者之敵：這樣的民族，竊賊、撒謊者、敵人和各種騙子將遮住他們營地上的太陽，這也就是說，他們的馬和馬群得不到安寧，他們出征打先鋒所騎的馬精疲力竭，以致倒斃、腐朽、化為烏有。」讀了這樣的話，你還認為他「只識彎弓射大雕」嗎？

鐵木真妻妾成群，有四十多（一說五百多）人。古代的遊牧貴族，通行大男子主義，拿女子當玩物，對搶來的女子尤其如此，鐵木真也不例外。但是，按照習慣，正妻是受到尊重的，鐵木真對待孛兒帖可敦也是體諒愛護的。他從篾兒乞人那裡找回孛兒帖時孛兒帖已有身孕，不久生下朮赤，鐵木真體諒妻子被人強暴，視朮赤如己出。從這一點講，這位

不識字的暴君要比提倡「餓死事小、失節事大」的漢族理學家善良寬宏多了。

鐵木真還有「女誡」。他說:「男人不能像太陽般地到處普照着人們。婦女在其丈夫出去打獵或作戰時,應當把家裡安排得井井有條,若有使者或客人來家時,就能看到一切有條有理,她做了好的飯菜,並準備了客人所需要的一切東西。這樣的婦女自然為丈夫造成了好名聲,提高了他的聲望,而她的丈夫在社會集會上就會像高山般地聳立起來。人們根據妻子的美德來認識丈夫的美德。如果妻子愚蠢無知、放蕩不羈,人們也還是根據她來看丈夫的!」

漠北地處高寒,遊牧民多愛喝酒,往往因而誤事。鐵木真深知其害,說了不少勸人戒酒節飲的話,他說:「酒醉的人,就成了瞎子,他甚麼也看不見;他也成了聾子,喊他的時候,他聽不到;他還成了啞巴,有人同他說話時,他不能回答。……喝酒既無好處、也不增進智慧和勇敢,不會產生善行美德;酒醉時人們只會幹壞事、殺人、吵架。……國君嗜酒者不能主持大事。……如果無法制止飲酒,一個人每月可飽飲三次。只要超過三次,他就會犯過錯。如果他只喝兩次,那就較好;如果只喝一次,那就更為可嘉;如果他根本不喝酒,那就再好不過了。但是到哪裡去找這種根本不喝酒

的人呢？如果能找到這種人，那他應當受到器重！」看來鐵木真本人是不多喝酒的。可惜他的繼承人窩闊台沒有遵守這一條，否則就不會早亡了。

　　沒有必要再介紹成吉思汗的軍事天才，因為現在很少有人否認這一點。但是，可以指出，在戎馬生涯之長上，他遠遠超過歷史上公認的軍事天才馬其頓王亞歷山大大帝（公元前 356 年—公元前 323 年）和法國皇帝拿破崙一世（公元 1769—1821 年）。亞歷山大大帝十七歲從戎，三十四歲去世，戰鬥了十七年；拿破崙二十二歲起參加戰鬥，四十六歲被流放到聖愛倫島，打了二十四年仗；成吉思汗大約戰鬥了四十年，是前兩人之和。

二、 第二代：朮赤、察合台、窩闊台、拖雷

朮赤

　　關於朮赤的出身，前面已經講過，他在當時就被認為是篾兒乞血統，《蒙古秘史》是這樣講的。但《史集》有另一種說法，說孛兒帖在被篾兒乞人擄走時已經懷了朮赤，同時《史集》又隱約提到朮赤非成吉思汗親子。比較起來，《蒙古秘史》的記載更加可信，它首尾一貫，像闊闊搠思說的那番話，不

是憑空捏造得出來的。

　　出身問題給朮赤心理上投下一塊陰影,也成為察合台、窩闊台歧視他的理由,只有幼弟拖雷對他好。《史集》說,拖雷一家從不對朮赤一家說奚落的話,而且認為朮赤是成吉思汗的真正的兒子。成吉思汗對朮赤不錯,《蒙古秘史》上幾次提到成吉思汗對朮赤說「我兒子中你最長」的話。建國後以蒙古百姓分封子弟,朮赤得九千戶,比三個弟弟都要多。但是,也許是那塊陰影作怪,朮赤與成吉思汗不大親近,有一種無形的隔閡。久而久之,成吉思汗也對他犯了疑惑。

　　朮赤在西征中有戰功,先後攻佔昔格納黑、訛跡邗、巴耳赤邗、氊的、養吉干等地。比較起來他似乎喜歡勸敵投降,較少屠殺,他攻佔的城市除了昔格納黑因殺他派去的使者按札撒必須屠城外,其他幾個地方都沒有大量屠殺。公元1221年他們三兄弟攻下玉龍傑赤以後,察合台、窩闊台往塔里寒堡見成吉思汗,他返回自己輜重所在的額爾齊斯河旁營地。成吉思汗要他略取欽察草原,他沒有執行。有的記載說他極愛欽察草原,力求使這個地區免遭破壞。1224年成吉思汗啟程東歸,他不去謁見,成吉思汗很生氣,說是要毫不留情地把他殺掉。朮赤稱自己有病,多次請罪並送去禮物,自己留在封地。後來有個忙兀部人從他那裡回到成吉思汗處,對

成吉思汗說不知道朮赤有病，曾看見他在山上打獵。成吉思汗大怒，認為朮赤簡直是反了，命令察合台、窩闊台帶兵去抓他，自己也準備出征。正在這時，傳來了朮赤因病去世的消息，成吉思汗十分悲痛，想追究那個忙兀部人。據有的書記載，朮赤比成吉思汗早死半年，當在 1227 年初，享年四十有餘。

朮赤的正妻是尼克帖迷失，她與拖雷正妻唆魯禾帖尼是姊妹，也許這有助於解釋何以他們兩家關係最好。朮赤還有許多妻妾。有子四十，繼承人是次子拔都。

察合台

《史集》說察合台聰明能幹，成吉思汗則說察合台性剛心細。成吉思汗曾對臣下說：「凡是極想知道札撒、必里克和如何守國的法規的人，就去追隨察合台。」察合台總是按照成吉思汗的旨意認真完成交下的任務。他在窩闊台即位過程中起很大作用。《史集》說他儘管是兄長，對窩闊台始終恪守臣禮。有一次察合台酒醉中對窩闊台提出打賭賽馬，然後他跑到了窩闊台前頭。夜間察合台想起這件事，非常不安，自認是大不敬的行為。為防別人跟着學樣，造成有害的結果，次日一早他就把手下的人召集起來，講了事情經過，

表示要到合罕處請罪。儘管窩闊台表示兄弟之間不必在意，察合台還是請求窩闊台賜他一命，獻上九匹馬，行了九叩之禮。然後察合台又把此事向眾多大臣宣講。他的以身作則起到很好的作用，「以此之故，他們（察合台和窩闊台）之間更加和諧一致、親密無間。其他親屬們也對他（窩闊台）俯首聽命，並選擇了順從之道」。

察合台既能如此對待窩闊台，窩闊台對他自是恩禮倍加，甚至派一個兒子到察合台身邊當怯薛，遇到大事就派使者去同察合台商議。

察合台大約卒於 1242 年，有子八人。

窩闊台

窩闊台的名字，在蒙語中意思是向上、上升。幾乎所有的記載都稱讚窩闊台度量寬宏、公正慷慨。《史集》記有窩闊台「軼事」四十二條，大部分是講他如何慷慨好施，對商人、貴族、工匠、窮人，似乎一概如此。如果真是這樣，也只是反映了那個時候汗廷帑藏充實以及他揮霍無度，真正從他那裡獲得厚益的是貴族與商人。成吉思汗講過：「喜好慷慨大度和想發財致富的人，可去親近窩闊台。」這話當然不是對普通百姓講的。

窩闊台汗即位慶典

　　窩闊台在位十二年,在大蒙古國的政治、經濟、軍事上都有一些作為。確如成吉思汗所見,他有治國的才能。即位之初,他先宣佈嚴格遵行成吉思汗的札撒。滅金之後,眼見自己地位已經鞏固,就頒行自己制定的一些札撒條令,內容有:

> 凡當會不赴而私宴者,斬。
>
> 諸出入宮禁,各有從者,男女止以十人為朋,出入毋得相雜。
>
> 軍中凡十人置甲長,聽其指揮,專擅者論罪。其甲長以事來宮中,即置權攝一人、甲外一人,二人不得擅自往來,違者罪之。
>
> 諸公事非當言而言者,拳其耳;再犯,笞;三犯,杖;四犯,論死。
>
> 諸千戶越萬戶前行者,隨以木鏃射之。百戶、甲長、諸軍有犯,其罪同。不遵此法者,斥罷。
>
> 諸婦人製質孫(意為顏色)燕服不如法者,及妒者,乘以騸牛徇部中,論罪,即聚財為更娶(這一條是針對貴婦人們講的)。

　　窩闊台還進一步嚴密了宿衛制度。他不僅僅是加強上級對下級的管理,也注意保護普通衛兵,使他們免遭頭頭們任

意欺凌。他說：「各班長對於和他共同巡察的所屬護衛不得以首長自居，任意打罰。他們如果違犯法令，送到我這裡來，可殺則殺，可罰則罰。如果自以為是首長不稟報我，而動手腳責打了我的護衛，則以拳打的，還之以拳打，以杖擊的，還之以杖擊。」這一條很高明，能換得眾多護衛的忠心。

窩闊台以漠北地區為本位，但不像他孫子海都那樣要保持遊牧生活和蒙古舊俗，他是想把文明地區的某些生活方式引入漠北的。他興建的哈剌和林城在漠北歷史上是空前的。他廣設驛站，既便於使者來往，又減少驚擾百姓。他派人掘井取水，以利於百姓在原來荒無人煙的廣闊地面定居畜牧。不過他的注意力主要放在蒙古本土，對改善漠北以外被征服地區的狀況不大注意，具體地說，滅金以後他一直留駐蒙古，沒有認真治理飽受戰火之害的中原漢地。《元史·太宗紀》稱他「有寬弘之量，忠恕之行，量時度力，舉無過事，華夏富庶，羊馬成群，旅不齎糧，時稱治平」，顯然是溢美之辭。

窩闊台愛好娛樂和飲酒，為此曾受到成吉思汗的處分和警告，即位後仍嗜酒如命，終於為此喪命。關於他的即位、暴卒以及與拖雷一家的關係，下面就會講到。

窩闊台有許多皇后和六十個妃子，知名的正后有六人，包括六皇后脫列哥那。脫列哥那是篾兒乞部人，拉施特說：

「這個皇后不很漂亮，但生來好用權勢。……她因為不聽成吉思汗的遺囑，也不聽宗親們的話，在成吉思汗的家族中播下了糾紛的種子。」

窩闊台有子七人，年長的五個都是脫列哥那所生。

拖雷

在四兄弟中，拖雷可能最得成吉思汗寵愛。他基本上一直跟着成吉思汗，因而深受熏陶，成吉思汗稱他「那可兒」，顯然是愛稱。《史集》說：「在勇敢方面，在處理事務和發表見解的才能方面，無人及得上他」，「成吉思汗總是就所有的事、各種重大事件和他商議」。這些話看來是符合事實的。在西征和攻金戰爭中，他都有顯赫戰績，這是成吉思汗把軍隊交給他的原因。此外，有資料說明，他還是一位美男子。這些因素加在一起，使他贏得人們的尊敬，被稱為「兀魯黑那顏」、「也可那顏」(大官人)。

蒙古舊俗有幼子繼承制：家長活着的時候就把年長的兒子們分出去自己成家，給一些財產；幼子留在家中，日後繼承家業，稱「斡赤斤」，意為守爐灶的。按照這個習俗，成吉思汗的汗位繼承人就應該是拖雷，成吉思汗不會不想到這一點。《史集》說：「因為成吉思汗曾在各種事情上考驗過兒子

們，知道他們各有所長，所以他對於大位和大汗尊號的傳授猶豫不決起來：他時而想到窩闊台合罕，時而又想到幼子拖雷汗，因為在蒙古人中間自古以來就有幼子掌管父親的根本營地和家室的這樣一種習俗和規矩。後來，他說道：『掌管國家和大位是艱難的事，就讓窩闊台掌管吧，而包括我所聚集起來的營地、家室、財產、庫藏以及軍隊在內的一切，則讓拖雷掌管。』」《蒙古秘史》沒有這樣的記載，但成吉思汗任命繼承人時既然是對舊習的突破，就不會沒有一種考慮和說法。成吉思汗還說：「追求勇敢、榮譽、武功、降國定天下的人，就去效力於拖雷。」可見他對拖雷才能的看法。

我們已經知道，成吉思汗死後汗位虛懸了兩年，由拖雷監攝國政。儘管成吉思汗遺命窩闊台繼承汗位，但在形式上仍要經忽里台推舉，為此必須等待宗王們到齊。公元 1229 年秋舉行忽里台，經過三十多天，窩闊台才即汗位。有的學者推測，其所以拖了那麼多天，必定是有人阻撓，而窩闊台的對手只能是拖雷。這種推測還從窩闊台即位前說的謙讓的話（古代北方民族傳統，汗在即位前照例要謙讓一番）找到依據。面對一些宗王的勸進，窩闊台說：「儘管成吉思汗的命令實際上是這個意思，但是有長兄和叔父們，特別是大弟拖雷汗，比我更配授予大權和擔當這件事，因為按照蒙古人

的規矩和習俗,幼子乃是家中之長,幼子代替父親並掌管他的營地和家室,而兀魯黑那顏乃是大斡耳朵(大宮帳)中的幼子。他在規定和非規定的時刻日夜都在父親左右,聞知規矩和札撒。我怎能在他活着時並當着他們的面登上合罕之位呢?」(《史集》和《世界征服者史》都有這段記載)可見窩闊台對佔了拖雷應得的位置是有顧忌的。此時朮赤已死,察合台一向站在窩闊台一邊,又有成吉思汗的遺命在,拖雷雖監國兩年,最後不得不把權柄交出來,窩闊台不再謙讓。於是大家摘下帽子,把腰帶搭到肩上,察合台拉着窩闊台右手,拖雷拉着左手,他們的叔叔鐵木哥斡赤斤抱住窩闊台的腰,把他扶上汗的大位。拖雷舉起杯子,御帳內外的人們全體跪拜九次,完成了窩闊台登位大典。窩闊台雖然登上汗位,但從此對手握重兵、勇敢善戰的拖雷有了戒心。

公元 1232 年春,拖雷在三峰山為伐金戰爭取得一次決定性的勝利。《元史》記載,那兩天下着大雪,金兵凍僵,已不能戰。蒙古軍眼看勝利在望,諸將請求拖雷等待窩闊台率領中軍到達以後再進擊,實際上是要把唾手可得的戰果讓給大汗本人摘取。拖雷不肯,說是機不可失,「大敵在前,可以遺君父乎?」立即發起進攻,大敗金兵。次日窩闊台來到戰地察看,了解了經過,對拖雷說:「沒有你,不可能取得這

次勝利。」這時隨軍諸侯王又對拖雷擁立窩闊台為大汗的功勞頌揚一番。窩闊台繼承汗位是成吉思汗指定的，拖雷哪有甚麼功勞？而且拖雷自恃善戰，鋒芒畢露，不肯把戰績留給窩闊台。功高震主，窩闊台無論怎樣寬宏大度，絕不會冒喪失汗位的危險。因此，三峰山的戰功給拖雷帶來的只是死神的降臨。幾個月以後，在北歸避暑途中，發生了一件怪事。綜合《蒙古秘史》、《史集》和《元史》的記載，這件事的經過如下：

拖雷在歸途中同窩闊台在一起。五、六月間，窩闊台突然病了，昏迷不語。珊蠻們占卜，説是金國山川之神因為蒙古軍隊虜掠人民、毀壞城市，故而作祟，只有親人代替窩闊台去死，窩闊台的病才能好。稍隔一會窩闊台忽然睜開眼睛要水喝，並問自己怎麼了。珊蠻説，必須用親人代替。窩闊台接着就問，現在誰在我跟前。這時拖雷開口了，他説：「戰爭中所有的罪業都是我造的，現在神要懲罰，就罰我好了。我又長得好，可以侍奉神靈，由我代替哥哥吧！」説完這話就叫珊蠻把咒過的水拿來喝了，又説請哥哥照顧我的孤兒寡婦。窩闊台的病立刻好了，他允許拖雷先回自己的輜重所在地。幾天後，拖雷在路上死了。

三種記載互有一些出入，但大體上不差。誰能相信咒水

能把一個人的病轉移到另一個人身上?因此,我同意有的學者做的結論:拖雷是被窩闊台毒死的。這個結論還被拖雷死後窩闊台對其寡妻唆魯禾帖尼和孤兒們的圖謀所證實。

《史集》説:「拖雷汗死後,他的兒子們和他們的母親一起,照舊在窩闊台合罕身邊。他極其喜愛和尊重他們,並毫不遲延地滿足他們的一切請求。」書中舉了一個例子:有一次唆魯禾帖尼想要窩闊台的一個商人,窩闊台不捨得給,唆魯禾帖尼就哭着説:「我的心愛的為誰作了犧牲?他為誰死了?」窩闊台聽説後,就把商人給了她並請她原諒。《史集》作者以為這件事能説明窩闊台對拖雷遺孀的喜愛和尊重,實在是大錯特錯了,窩闊台只是怕提他的虧心事而已。因為《史集》接着又説了兩件事。第一件是窩闊台要把唆魯禾帖尼嫁給自己的長子貴由,為此他派侍臣給唆魯禾帖尼下達了詔書。唆魯禾帖尼回答説:「怎麼能違背詔命呢!但我有一個願望:要撫養這些孩子,把他們帶到成年和自立之時,竭力使他們受到良好的教養,彼此不分開,相互不離棄,從他們的同心同德中得到好處。」唆魯禾帖尼顯然是在推託,因為拖雷死的這年蒙哥二十四歲,忽必烈十八歲,旭烈兀十七歲,按當時標準都已成年,只有幼子阿里不哥略小,何況窩闊台此舉未必是在拖雷去世當年。第二件事是窩闊台未與宗

親們商議，擅自把拖雷系軍隊內的速勒都思部兩千人給了自己的兒子闊端。這件事違反了當初成吉思汗的詔令，所以窩闊台雖有大汗之尊，拖雷系的萬戶、千戶長們仍準備找他面爭。然而唆魯禾帖尼對萬戶、千戶長們說：「你們的話是公正的，但是我們所繼承的和自己取得的財產之中並無不足，甚麼也不缺。軍隊和我們，同樣是合罕的，他知道他在作甚麼，我們要服從他的命令。」一席話制止了萬戶、千戶長們的抗爭。窩闊台的目的是要瓦解或削弱拖雷系，但唆魯禾帖尼實在聰明，對窩闊台搞的兩件事，一件婉言推辭，一件恭謹從命，終於保全了自己。窩闊台礙於汗的尊嚴，又要顯示寬宏，在宗親們眾目睽睽之下，還能把寡婦孤兒逼到甚麼程度呢！

　　拉施特對唆魯禾帖尼讚揚備至，說她「極為聰明能幹，高出於舉世婦女之上」。他把她與成吉思汗的母親訶額侖相提並論，甚至認為她在一件事上勝過訶額侖，那就是她堅貞不嫁。拉施特說，訶額侖後來向成吉思汗暗示自己有再婚的願望，成吉思汗便讓她嫁給蒙力克，而唆魯禾帖尼沒有再嫁願望，故而被人認為優於訶額侖。拉施特此說染有穆斯林色彩，因為在古代蒙古寡婦再嫁是不會遭到非議的。唆魯禾帖尼的聰明機智在後來的汗位爭奪中起了很大作用，

留到下面去講；現在再說一件事，就是她和窩闊台之死有
沒有關係。

　　窩闊台死於狂飲之後，他一死就有人放言他是被毒死
的。拉施特說：「合罕很喜歡喝酒，經常喝得酩酊大醉，並且
在這方面無所節制，這使得身體虛弱。……合罕有一個寶兒
赤（司廚），是被成吉思汗賜給怯台那顏的唆魯禾帖尼別吉的
妹妹亦巴合別吉的兒子。每年，亦巴合別吉都要按唆魯禾帖
尼別吉的吩咐，從她在契丹國（指漢地）的營地來侍奉合罕，
並且舉行宴會款待他。在他即位後的第十三年，她照例來
了，並且和自己的兒子，即合罕的寶兒赤一起，給合罕送上
了酒飯。夜間，在睡夢中，合罕由於飲酒過多去世了。在哈
敦（脫列哥那）和異密（大臣）們的協同下，開始惡言惡語，
說亦巴合別吉和他的兒子送上一杯酒，大概給了合罕毒藥。
合罕的乳兄弟、札剌亦兒氏的一個有勢力的異密額勒只帶那
顏說道：『為甚麼要胡說？亦巴合別吉的兒子是寶兒赤，他本
來就已經給合罕送上杯子，合罕也經常飲酒過多。為甚麼我
們要污辱自己的合罕，說他死於別人的謀害呢？他的死時來
到了。不許任何人再說這種話。』」拉施特的意思很清楚：窩
闊台死於酗酒，投毒之說是脫列哥那等人的造謠。拉施特稱
讚額勒只帶「是一個聰明人，所以懂得飲酒過度和經常酒醉

是這次死亡的原因」。但是,有的學者卻從拉施特這段記載
得出唆魯禾帖尼投毒害死窩闊台的結論,並且引意大利人、
聖方濟各會教士柏朗嘉賓的記述為佐證。柏朗嘉賓在公元
1246 年 7 月到達哈剌和林,參加了貴由的即位大典,他的書
中講到,貴由在舉行大典後「審理公案。朝中已囚禁了皇帝
的嬸母,因為她在輜輨大軍於匈牙利作戰時鴆殺了皇帝的父
親,因此駐紮在匈牙利地區的部隊才撤退回師了。這位貴婦
人和其他數人受到了審判,並被處以死刑」(《柏朗嘉賓蒙古
行紀》中譯本,中華書局 1985 年出版)。所指「貴婦人」,應
該就是亦巴合,看起來拉施特講的事似乎在柏朗嘉賓那裡得
到了印證。但亦巴合之死不能證實是唆魯禾帖尼毒死了窩闊
台。這裡存在一個疑問:窩闊台死於 1241 年,為何拖了五
年才結案?細讀拉施特和柏朗嘉賓的記載,事情的真相很可
能是脫列哥那等製造了一件冤案,意在株連唆魯禾帖尼,因
遭到大札魯忽赤額勒只帶的堅決抵制,所以拖了五年。直到
新的大汗貴由即位,排除異議,才把亦巴合等處死,但仍未
達到株連唆魯禾帖尼的目的。額勒只帶對窩闊台的忠誠是無
可懷疑的,他只是以大札魯忽赤(大斷事官)的身份秉公辦
事,不是有意替唆魯禾帖尼開脫。後來蒙哥奪汗位,額勒只
帶堅決反對,蒙哥並未免他一死。

在脫列哥那攝政的幾年裡,唆魯禾帖尼處事更加謹慎,不讓脫列哥那抓到一點把柄。拉施特說:「在這段大位虛懸時期和這場混亂之中,每個人都向各方面派出急使……只有唆魯禾帖尼別吉和她的兒子們除外,他們總是遵循法令而行,絲毫不違背大法。」唆魯禾帖尼的韜光養晦,終於為兒子們贏得汗位。

三、 第三代:貴由、拔都、蒙哥、忽必烈

貴由

即元定宗。生於大蒙古國誕生那一年,即公元 1206 年。據說他身體不好,整個一生都患有慢性病。儘管如此,他既參加過蒙金戰爭,也參加了拔都西征。拉施特說,當初成吉思汗曾預定窩闊台次子闊端為窩闊台繼承人,而窩闊台看中的是三子闊出,因為闊出聰明過人。闊出早逝,窩闊台屬意闊出長子失烈門。這說明窩闊台原意也像成吉思汗一樣,由汗指定繼承人,不搞幼子繼承制或長子繼承制。貴由被立為汗,是其母脫列哥那的主意。窩闊台死時,貴由尚在由欽察草原東歸途中,被脫列哥那召回後,因汗位繼承需待忽里台通過,國事仍由脫列哥那處置。

　　1246年夏季，經過長時間準備，應召參加忽里台的宗王、貴戚紛紛來到和林附近的夏營地。《史集》列舉了一長串與會者的名單，可以說明當時黃金家族內部雖然矛盾重重，但忽里台仍具有一定吸引力。在主要宗王中，唯有拔都託病未到，因他與貴由一向有矛盾，但他把兄弟斡兒答、昔班、別兒哥等派來了。大會在一個大帳幕內舉行，據柏朗嘉賓說，它足以容納二千人。帳幕周圍樹立木柵。大約有四千個來自四面八方的異族王侯和各類使者，聚集在遠離木柵的地方。大會的盛況是空前的，也是絕後的，因為在這以後黃金家族走向公開分裂，忽里台失去了原有的光彩。

　　這次忽里台的程式依舊，貴由照例謙讓，其他人則照例勸進。貴由先稱自己體弱有病，難以勝任，但幾經他人勸進之後，卻提出了一個前所未有的條件：「在我之後，合罕之位要歸我的家族所有。」這個條件，眾人心中未必都能接受，但事已至此，如何再議。於是一致立下誓言：「只要你的家族中還留下哪怕是裹在油脂和草中牛狗都不會吃的一塊肉，我們都不會把汗位給別人。」接着舉行珊蠻教儀式，全體宗王脫下帽子，解開腰帶，把他扶上御座。其後宴飲一週，新汗給大家分賜財物。

　　從窩闊台去世到貴由即位，脫列哥那監攝國政四年有

餘,她重用女侍法提瑪和奸商奧都剌合蠻,擾亂朝政,打擊
大臣,搞得人人自危。貴由即位,頭一件事就是審訊並處死
法提瑪。接着又派蒙哥和斡兒答詳細訊問他們的叔祖、成吉
思汗的幼弟鐵木哥斡赤斤,因為鐵木哥斡赤斤在脫列哥那攝
政期間曾想用武力奪取汗位。成吉思汗子孫內部雖有矛盾,
但在防禦旁裔奪權上態度一致,結果斡赤斤也被處死。貴由
還對汗位虛懸期間宗王們的不法行為進行查處。唆魯禾帖
尼一家由於沒有任何違反札撒的行為,受到貴由讚揚。奧都
剌合蠻被處死,曾經受到脫列哥那迫害的幾個大臣又受到重
用。脫列哥那在貴由即位幾個月以後就死去了。

綜觀貴由即位後種種措施,可以看出他還是有所作為
的。拉施特對貴由的評述有不少矛盾之處,他時而稱頌貴
由「極其崇高、無比尊嚴」、「恪守札撒」,時而指摘貴由「晝
夜縱情酒色」、「毫無限制地慷慨、揮霍」。拉施特最不滿意
的是貴由傾向基督教、摒斥伊斯蘭信仰。反之,基督教士柏
朗嘉賓則對貴由印象良好,他說:「這位皇帝大約有四十至
四十五歲,或者更年長一些;中等身材,聰明過人,遇事善
於深思熟慮,習慣上舉止嚴肅矜重。任何人沒有見過他放肆
地狂笑或憑一時心血來潮而輕舉妄動,正如一直和他生活在
一起的基督教徒們向我們所敘述的那樣。他宮中的一些基督

教徒對我們說他們確信他將會皈依為一位基督教徒。」

貴由對拔都不來參加忽里台一事十分怨恨，而且他知道拔都實力，為除隱患，他在即位次年秋後突然率兵「西巡」。唆魯禾帖尼意識到貴由西巡意在拔都，暗中派急使通知拔都做好準備。拔都在邊境加強武備。1248 年春，貴由死於西巡途中，年四十三。有傳聞說，貴由是被拔都派人毒死的。貴由死後，按照他的長妻斡兀立海迷失的旨意，靈柩被運到他的斡耳朵所在地葉密立（今新疆額敏縣），後葬起輦谷。唆魯禾帖尼和拔都都派人去慰問斡兀立海迷失。

斡兀立海迷失不理國事，大部分時間同珊蠻們在一起，聽他們胡言亂語，要不然就與商人作交易。長子忽察和次子腦忽自建府邸與母親對抗，以致同一個地方出現了三個統治者。宗王們也各擅自簽發文書。政出多門，造成極大混亂。

拔都

拔都生於 1208 年，比貴由小兩歲，比蒙哥大一歲。這裡之所以排一下他們的年齡，是因為有的記載過分強調拔都作為「長兄」起的作用。其實他並非長兄，他是朮赤次子，長兄是斡兒答。在 1227 年朮赤去世以後，拔都因能力出眾，受兄弟們推戴，繼承汗位，斡兒答在這中間起了很大作用。

拔都感謝長兄支持，把兀魯思東部分給斡兒答，自領西部，軍隊也一分為二。拔都在貴由、蒙哥交替時期幾次稱自己年老體弱，並不完全確切。他有痛風病，故而體弱，但不能算老。他卒於 1255 或 1256 年，享年不到五十。

拔都一生主要做了兩件事：一是領導西征，建立欽察汗國；二是全力扶持蒙哥即大汗位，使汗位由窩闊台系轉到拖雷系。這兩件事都影響深遠，為他自己帶來很大好處。柏朗嘉賓在 1246 年 4 月參見過拔都，他記下了拔都給他的印象：「這位拔都表現得十分豪華，如同皇帝一般擁有掌門官和所有的軍政要員。他坐在高高的如同寶座一樣的位置上，由他的一位王妃陪同；其他人，包括他的兄弟或者他的兒子及其他品級較低微者都坐得較低……但分男右女左。他有一些寬大而又華麗的亞麻幕帳，過去曾經屬於匈牙利國王所有。他府中的任何一個外人都不敢靠近他的幕帳，除非是應召而去，無論來客地位多高，權勢多大，除非這是拔都的本意。……拔都從來不喝酒，韃靼諸王亦然，尤其是在大庭廣眾之下更為如此，除非在欣賞歌舞音樂時例外。……拔都對他部下相當寬厚，然而他們卻非常害怕他；他在戰鬥中很殘暴，作戰時很敏銳狡黠，因為他長期以來一直過戎馬生涯。」拔都很受世人尊重，被稱為賽因 (蒙語「好」) 汗。

蒙哥

在蒙語中，「蒙哥」的意思是長生。蒙哥自童年起受窩闊台撫養，拖雷去世後才回自己家中。窩闊台去世那年他三十三歲，但一切謹從母教，不露鋒芒。他能登上王位，一半出於母親唆魯禾帖尼的策劃，一半依靠拔都扶持。志費尼說：唆魯禾帖尼自拖雷去世以後「恩賜她的族人和親屬，犒賞軍隊和百姓，獲得了各方面的擁戴，因此使所有人聽從她的旨意，並在每人的心靈中種下了感情和恩義，以致貴由汗死時，大部分人對於把汗國的權柄交給她的兒子蒙哥可汗，一致贊同，同心翊戴」。唆魯禾帖尼是基督教徒，但她對伊斯蘭教也表現出尊重和慷慨，以致志費尼和拉施特對她有極大好感，同對貴由不一樣，這也可以看出她的高明聰慧。貴由去世後，拔都以長支宗王首領的身份向各方面派止急使，邀請全體宗王到距海押立不遠的阿剌脫忽剌兀舉行忽里台，共同商討立汗問題。窩闊台和察合台兩系宗王多半不願出席，他們派貴由的兒子忽察和腦忽等為代表（因為他們駐地較近）去見拔都，表示他們可以聽取拔都意見，很快就回去了。唆魯禾帖尼聞知此事，以探病為藉口，派蒙哥前往。拔都很欣賞蒙哥，他們兩系關係一向很好，又都與窩闊台系不和，於是決定向宗王們提出立蒙哥為汗。在主要的幾個宗王

中,拔都是唯一沒有宣誓保證把汗位留給貴由家族的人,他有理由否認前議,反過來他指責脫列哥那等違反窩闊台的意願,不立失烈門而立貴由。拔都向各地宗王派去急使,告訴他們:「宗王們之中,只有蒙哥耳聞目睹過成吉思汗的札撒和詔敕,只有立他為合罕,才有利於兀魯思、軍隊和我們這些宗王們。」接着拔都把朮赤家族諸王聚在一起,商議擁立蒙哥。當時海迷失的一個使者八剌在坐,提出異議說:「過去窩闊台汗命以失烈門為繼承人,諸王、大臣都知道。現在失烈門還在,你們竟議論把汗位給別人,置窩闊台汗命令於何地?」蒙哥弟穆哥答道:「誰敢違抗窩闊台汗的命令。但上次議立貴由汗,是脫列哥那可敦同你們搞的,是你們違背了窩闊台汗的命令,今天還來怪誰?」八剌被問住了,說不出話來。眾人表示贊成拔都的意見。蒙哥謙讓再三,穆哥又站起來表示應該服從賽因汗拔都,蒙哥只好答應了。於是全體宗王、那顏脫帽解帶,行九叩之禮,拔都舉起杯子,就這樣確定了汗位。但這只能算是預演,最後還要經大忽里台通過。

消息很快傳開,察合台、窩闊台兩系宗王自然不會同意,大忽里台拖了兩年未能舉行。這兩年中,唆魯禾帖尼與拔都恩威並施,一面告訴對立者已考慮了他們的利益,一面放出風去說不管對立者是否同意,擁立蒙哥的事不會改變。

為了防範不測，拔都派弟弟別兒哥帶三萬軍隊到哈剌和林保衛蒙哥登基，拔都對別兒哥説：「你擁立他登上寶座吧，那些背棄札撒的人都得掉腦袋。」拔都、蒙哥以軍隊實力為後盾，他們聯手合作，終於使窩、察兩系宗王感到無可奈何，所以一部分人同意參加忽里台。

公元 1251 年六月，忽里台在曲雕阿蘭舉行。這次忽里台依舊豪侈輝煌，但氣氛已是不同。會場座位經過精心安排。拉施特説：「在他（蒙哥）幸福地登臨大位之時，想到怎樣作才能使得全體按照上下次序就座。別兒哥決定，撥綽（拖雷第七子）有腳疾，讓他坐在自己的位子上，同時讓忽必烈也坐下，並讓全體都聽從忽必烈的話。穆哥被命令站在門旁，讓他得以攔阻諸王和那顏們進出；又命令旭烈兀站在司膳和衛士們前面，不讓任何人説出和聽到不適當的話。就這樣確定了次序，直到忽里台結束為止，只有穆哥和旭烈兀來回走動。」忽里台結束後，宴飲作樂一週，每天用去兩千車酒和馬湩，三百頭牛馬和三千隻羊。由於別兒哥崇奉伊斯蘭教，牲畜全部按伊斯蘭教規定的方式屠宰。

現在蒙哥要做的，就是鏟除窩闊台、察合台兩系中反對自己的勢力；不來參加忽里台的就是反對者。正當宴飲歡慶的時候，一個名叫克薛傑的飼養人來報告，説他在遠處路

上遇到許多士兵,帶着滿載武器的大車,正往曲雕阿蘭這邊過來,看樣子是圖謀不軌。蒙哥立即派忙哥撒兒帶着兩三千騎前往察看。結果發現來的竟是失烈門、腦忽等窩闊台系宗王們,他們被包圍後否認自己有陰謀,說是下決心來為蒙哥效勞的。忙哥撒兒帶他們來見蒙哥。他們被繳了械,大部分那可兒和臣下被扣留在帳外,宗王們在行了九叩之禮後進入帳殿,參加歡宴。幾天後蒙哥傳旨讓那些被扣的那可兒們一律回去,宗王們留下。隨後蒙哥開始親自審訊失烈門等人。經過,嚴刑拷問,終於有人承認策劃過陰謀。於是,在不長的時間裡,失烈門、腦忽、斡兀立海迷失、失烈門之母合答合赤和他們的大臣,以及察合台系的也速蒙哥夫婦,一個個被捉拿歸案。斡兀立海迷失曾經指摘蒙哥不守誓言,蒙哥對她特別憎恨,把她衣服脫光,裹上氈子,扔進水裡。也速蒙哥之妻被當着其夫之面活活踢死。兩系大臣被誅殺七十餘人(一說三百餘人)。額勒只帶被送往拔都處受誅,他的兩個兒子被用石頭塞進嘴裡殺死。宗王們或被流放,或被遣從軍。失烈門、也速蒙哥後來也死於非命。為了表現寬厚,海迷失的長子忽察、幼子禾忽免於追究,還得了封地。經此猛烈打擊,窩闊台和察合台兩系勢力土崩瓦解。

拉施特在敘述了以上的事情以後,不無感慨地說道:「從

那時起，蒙古人中間又發生了紛爭，而成吉思汗對自己兒子們的遺囑卻是同心協力，他曾經說過：『只要你們彼此同心協力，幸福就將伴隨着你們，敵人就戰勝不了你們。』由於這個品格，成吉思汗和他的家族才得以征服世界上的大多數國家。」拉施特言外之意是，兄弟鬩牆終於將導致家國衰亡。他因為在旭烈兀後裔的宮廷任職，只能講到這個程度。

蒙哥鼻子扁平，中等身材，熱衷巫覡占卜，不信其他宗教。──這是法國人、聖方濟各會教士魯不魯乞對蒙哥的印象。魯不魯乞奉法王路易九世之命進入蒙古，在公元1254年初晉見蒙哥於和林，記下了不少有關蒙哥的事情。他提到，蒙哥在給路易國王的信中罵海迷失「那個壞女人比一條狗還下賤」；還說：「蒙哥親口告訴我，海迷失是最壞的女巫，由於她的巫術，她毀了她的整個家族」（道森編：《出使蒙古記》，中譯本，第222頁）。由此看來，蒙哥也懂得講女人是禍水。法國歷史學家雷納・格魯塞認為「蒙哥無疑在內心有所不安，因為窩闊台曾撫育他像養子一樣」（《蒙古帝國史》，中譯本，第249頁）。我看的確如此，所以蒙哥要強調他是在同一個壞女人門。

不過，總的看蒙哥這個人既有原則，又偏保守。他不因拔都有擁立之功而亂予賞賜。公元1253年夏間，拔都向他

要銀萬錠買珍珠,他只給了千錠,同時詔諭拔都説:「成吉思汗、窩闊台汗積累的財產,要是這樣花費,將來用甚麼賞賜諸王。你要認真想想。現在給你的銀子就抵充今後給你歲賜的錢數。」《元史·憲宗紀》對蒙哥的評語比較公正,從中可以看到蒙哥的一些特點:「帝剛明雄毅,沉斷而寡言,不樂燕飲,不好侈靡,雖后妃不許之過制。初,太宗朝,群臣擅權,政出多門。至是,凡有詔旨,帝必親起草,更易數四,然後行之。御群臣甚嚴。……性喜畋獵,自謂遵祖宗之法,不蹈襲他國所為。然酷信巫覡卜筮之術,凡行事必謹叩之,殆無虛日,終不自厭也。」如果蒙哥像忽必烈那樣長壽,既不會採用漢法,也不會把帝國重心向南遷移。

忽必烈

　　成吉思汗家族人才輩出,忽必烈尤為佼佼。他壽高八十,在位三十五年,即位以前早已參與軍國大事,所以他完成的事業遠遠超過父輩和其他同輩。在成吉思汗眾多子孫中,唯有忽必烈可以同乃祖相提並論。當然,祖孫兩人也有很多不同。最大的不同在於:成吉思汗是大蒙古國創建者,忽必烈則是大蒙古國的結束人。造成這一不同的原因,是客觀時勢的變遷和個人文化的差異。

　　現今研究忽必烈的著述，幾乎無一不談到他對漢文化的吸取。由於母親唆魯禾帖尼的引導（她說過，要竭力使兒子們受到良好的教養），蒙哥、忽必烈、旭烈兀（我們不知道阿里不哥如何）都表現出對文化知識的興趣。蒙哥喜歡自己起草詔旨，旭烈兀熱愛天文知識，而忽必烈潛心於同儒生們探討治術。許多史料證實，忽必烈接觸儒生或具有儒家思想的人（如海雲、劉秉忠）始於青年時代。海雲、劉秉忠、趙璧、王鶚、張德輝、張文謙、竇默，都是從四十年代起就聚集在忽必烈周圍。那時脫列哥那、貴由、海迷失先後當政，正是汗廷紊亂的年代。只是在蒙哥登位以後，忽必烈才得到牛刀一試的機會。從公元 1251 年起，他在邢州（今河北邢台）、河南、陝西三地委派官吏，採用中原農業社會行之有效的傳統辦法進行治理，據說是「不及三年，號稱大治」。1254 年，他征大理回來，於金蓮川藩邸繼續與儒士們研討治術。《元史·張德輝傳》有段記載，是從張德輝行狀上抄來的，說是 1252 年張德輝與元好問（金元之際著名詩人）覲見忽必烈，請他做「儒教大宗師」，忽必烈「悅而受之」。這事被魯迅引為笑談。細想起來，此事殊不可解：歷史上素無這個稱號，張德輝、元好問並不具有授人尊號的身份，忽必烈又非當受之人。不過，正史既然記了，要抹掉也不容易，至少那時候

的儒生是要靠攏和爭取忽必烈的。在一個崇尚武力的征服
者家族中,能夠找到一個願意聽聽儒道的宗王,總算是件幸
事。而且儒生們的投入還是得到了回報的,建元中統、國號
大元就是兩件碩果。至於忽必烈的儒術純與不純,在他的施
政中究竟佔了幾分,那是可以另行估算的。反正治好治壞不
能都看儒術,否則夏、金、宋就不會滅亡了。

第七章

千秋功過

◆　成吉思汗問，後世對他的行為將會怎樣評論

◆　現代的評論，各種各樣的評論

　　歲月匆匆，成吉思汗祖孫三代征服世界的這段歷史已
經過去了七百年。七百年來世界上對這段歷史議論不絕，但
除了專業歷史學家，只有很少的人知道，第一個關心對其征
服活動的評論的，是成吉思汗本人。公元 1220 年在成吉思
汗對花剌子模沙摩訶末窮追不捨的時候，他問該地區的一個
法官瓦亦哀丁不真吉，後世對他的行動將會怎樣評論。不真
吉俯首思索後提出，如果成吉思汗保證他生命安全，他就率
直答覆。成吉思汗作了保證，不真吉回答說，後世沒有人會
讚美汗，因為蒙古人破壞一切經過的地方。成吉思汗大怒，
將自己的弓箭擲在地上。在場的人都為不真吉捏把汗，不真
吉自己也以為性命難保。但成吉思汗終於克制怒火，向法官
指出，他的看法只在表面上是對的，他不了解真實情況。成
吉思汗又說：「至於花剌子模算端（摩訶末），我要窮追他，
至於他足跡所到，任何國家讓他避居的我都要毀滅它！」[①] 按
成吉思汗的意思，挑起戰爭的是摩訶末，是摩訶末先殺了他

---

① 見雷納·格魯塞著《蒙古帝國史》中譯本第 376 頁，商務印書館 1989
　年版。這個故事富於戲劇性，但相當可信。記述這件事的是 13 世紀歷
　史學家術茲查尼，他生於伊朗，1226—1227 年因躲避蒙古征服者逃到
　印度北部，1247 年起客居德里蘇丹國統治者納西爾·馬哈茂德宮中，
　1260 年用波斯文寫完通史型著作《納西爾書》，書中講到蒙古征服的
　歷史。

的使臣和商人,他不過是對摩訶末進行懲罰,因而應該得到後世的讚揚。用這樣的理由來為蒙古軍隊的殘酷殺掠辯護,自然站不住腳,後世有誰能讚揚成吉思汗在花剌子模恣意屠殺的行為呢?但是,不真吉的看法是否確有表面化的缺陷?事實上後世的許多歷史著作證明,人們可以在譴責蒙古征服者殘暴罪行的同時,給成吉思汗及其子孫的征服活動一些讚揚,只是讚揚的角度是成吉思汗本人完全想不到的。

應該強調一下,這裡說的讚揚,不是指對成吉思汗及其子孫的軍事才能或某種品格的讚揚。那樣的讚揚,成吉思汗在世時就有了。在成吉思汗子孫統治的國家裡,在這些國家編修的史書裡,那樣的讚揚可以說是比比皆是,無需羅列。在明初中國官修的《元史》裡,也不乏那樣的讚揚,例如說成吉思汗「用兵如神,故能滅國四十」,等等。這裡說的讚揚,是指對成吉思汗家族的征服活動的總的評估。既然是總的評估,它只能出現在人們的歷史視野大大拓寬了的現代。下面我們分別介紹近幾十年西方、前蘇聯和我國的歷史學家對這一歷史現象的看法。

現代西歐的歷史著作對蒙古的征服活動的作用與後果,大多採取分析的態度。一個突出的例子是 1941 年出版的法國東方學家雷納・格魯塞的《蒙古帝國史》,這部書中專門有

一章《對蒙古征服的總結》，寫得很富歷史感。格魯塞把蒙古
的征服納入歷史上屢見不鮮的北方遊牧民族對南方文明地區
的侵入活動來進行考察，指出在中國歷史上遊牧民族的「掠
奪性入侵是經常性的，除在漢、唐全盛時期以外，幾乎每十
年就有一次。如果這個朝代在強盛時候，侵掠僅僅是侵掠，
有如蟲螫在廣大的帝國軀體之上，如果機能有了毛病，這就
是死亡」，「而真正的入侵，即征服，只是例外的偶然事件」。
對蒙古征服者造成的破壞，尤其是破壞農田和城市的行為，
格魯塞用遊牧民的經濟習慣予以解釋，他說：「我們不能指責
蒙古人，就像不能指責美洲的紅種人一樣，紅種人出乎意料
之外地變成為英人或加拿大人的一些村落主人翁時候，除了
焚燒村落，使樹林中的荒蕪空地可以變成森林之外，不知道
其他。蒙古人的毀滅行為，是由於他們不了解農業經濟，更
不了解城市經濟。」格魯塞一方面指出蒙古征服的一個惡果
是「使定居國家的正常發展停滯不前」，另一方面又指出「於
造成惡果的同時，也產生某些有益的方面」。他關於「蒙古人
統一的功績」的一段話，說得十分精彩：「蒙古人幾乎將亞洲
全部聯合起來，開闢了洲際的通路，便利了中國和波斯的接
觸，以及基督教和遠東的接觸。中國的繪畫和波斯的繪畫彼
此相識並交流。馬可・波羅得知了釋迦牟尼這個名字，北京

有了天主教的總主教。將環繞禁苑的牆垣吹倒了，並將樹木連根拔起的風暴，卻將鮮花的種子從一個花園傳播到另一個花園。從蒙古人的傳播文化一點說，差不多和羅馬人傳播文化一樣有益。對於世界的貢獻，只有好望角的發現和美洲的發現才能夠在這一點上與之比擬。」

　　對格魯塞的「總結」，可以有各種看法，但它所體現的客觀分析態度和較多的歷史感，總比一味執着於道義立場和功利主義原則所得出的結論，要有更多的說服力。事實上在格魯塞此書出版之前和之後，歐美都有一些影響較大的通史型著作採取這樣的分析態度，肯定蒙古的征服對東西方交流的積極作用；早的有英國韋爾斯的《世界史綱》，晚近的有美國斯塔夫里阿諾斯的《全球通史（1500年以前的世界）》和英國巴勒克拉夫的《泰晤士世界歷史地圖集》，等等。《世界史綱》說：「蒙古人的征服故事確實是全部歷史中最出色的故事之一。亞歷山大大帝的征服，在範圍上不能和它相比。在散播和擴大人們的思想以及刺激他們的想像力上，它所起的影響是巨大的。一時整個亞洲和西歐享受了一種公開的交往；所有的道路暫時都暢通了，各國的代表都出現在哈剌和林的宮廷上。……教皇的使節，從印度來的佛教僧人，巴黎、意大利和中國的技工，拜占庭和亞美尼亞的商人，阿拉伯官

員，波斯和印度的天文學家及數學家都匯集在蒙古宮廷裡。我們在歷史上聽得太多的是關於蒙古人的戰役和屠殺，而聽得不夠的是他們對學問的好奇和渴望。也許不是作為一個有創造力的民族，但作為知識和方法的傳播者，他們對歷史的影響是很大的。從成吉思和忽必烈的模糊而傳奇式的人格上所能看得到的一切，都傾向於證實我們的印象，即這些人至少和那浮華而自負的人物亞歷山大大帝，或那政治幽靈的招魂者、那精力充沛而又目不識丁的神學家查理大帝一樣，都是些穎悟而有創造力的君主。」（中譯本，人民出版社 1982年版）

1970 年出版的《全球通史（1500 年以前的世界）》同樣強調蒙古的侵略「促進了歐亞大陸間的相互影響」，書中舉了不少事例，最後說：「由這種相互影響提供的機會，又被正在歐洲形成的新文明所充分利用。這一點具有深遠的意義，直到現在，仍對世界歷史的進程產生影響。」（中譯本，393 頁，上海社會科學院出版社 1988 年版）

巴勒克拉夫主編的《泰晤士世界歷史地圖集》出版於1978 年，它不同於一般的通史著作，但傳佈之廣、影響之大，絕不在一般通史之下。書中為蒙古帝國圖（1206—1405）寫了如下的說明：「來自亞洲腹地的原始遊牧民族蒙古人，對

世界史產生了巨大的影響。他們征服的規模無與倫比。……
這是文明社會所經受的最後一次,也是最激烈的遊牧民族的
野蠻攻擊,其後果十分嚴重。亞洲和大部分歐洲的政治組織
都變換了。許多地區的人民被滅絕或四散,永遠改變了其種
族特性。世界主要宗教的分佈和力量也發生了變化。橫越歐
亞大陸的道路由一個政權所控制,旅行變得安全了。在中斷
了一千年之後,歐洲人又能進入亞洲和遠東了。……蒙古人
出現在世界舞台上是突然的,並且也是破壞性的。過去的王
國和帝國在它面前相繼潰敗。他們成功的原因,也許是在於
高超的戰略、有一支優秀而高度機動的騎兵、堅忍不拔和戰
鬥時的組織性與協調一致。蒙古人甚至有某種類似於現代總
參謀部的組織,……在一個軍事天才的指揮下,它達到了最
高的效能,產生了確實是當時世界上最可畏的戰爭機器。」
(中譯本,三聯書店 1985 年版)

上述幾種西方史學著作無一否認蒙古征服的野蠻殘酷,
但都能把它放在世界歷史發展的長河中來看待它客觀上所起
的作用。這樣的研究方法,在蘇聯時期的俄國幾乎是見不到
的。出於歷史原因和現實的政治原因,蘇聯時期的俄國歷史
著作不能對蒙古征服的結果有任何積極的評語。舊俄時代的
歷史編纂學權威克柳切夫斯基(公元 1841—1911 年)曾經認

為金帳汗國的統治促進了羅斯國家走向統一,他的學生波克羅夫斯基(公元 1868—1932 年)在 1920 年出版的《俄國歷史概要》中重複克柳切夫斯基的觀點,提到「羅斯圍繞着莫斯科的統一,至少有一半是韃靼人的功勞」(中文本上冊第 50 頁,三聯書店 1978 年出版),他們後來都遭到批判。在 1937 年出版、1950 年增補的《金帳汗國興衰史》中,作者格列科夫稱克柳切夫斯基在羅斯國家形成問題上「回到了最蹩腳的解釋」,波克羅夫斯基的觀點則被斥為「反科學的」、「荒謬」、「虛構與不可思議的」(格列科夫、雅庫博夫斯基:《金帳汗國興衰史》,中譯本第 211—213 頁,商務印書館 1985 年版)。而《金帳汗國興衰史》自始至終強調的,就是蒙古統治的消極陰暗和俄羅斯人民「對祖國和獨立自主的熱愛以及不斷的反抗」,所以這本書在 1952 年獲得斯大林獎金,那是當時蘇聯學術界的最高榮譽。這個基調貫徹到那個時期蘇聯的各種歷史著作。1957 年出版的《世界通史》(十卷本)第三卷也是如此,它有三萬多字篇幅講蒙古的侵略和統治,滿足於敘述「蒙古侵略的恐怖和征服者的暗無天日的壓迫」,與各國人民「反對蒙古征服者的鬥爭」,即便提到了「蒙古伊兒汗卻非常照顧科學家、醫師、數學家和天文學家」,前面也要先說一句「蒙古的征服給伊朗的文化生活帶來不良的影響」(中譯

本，第 823 頁，三聯書店 1961 年版）。可以説，前蘇聯的史學對蒙古征服的觀點，根植於蘇聯國家的政治需要，以至在六十年代成吉思汗問題成了中蘇辯論的一個部分。

在五十年代前期我國出版的史學著作中，可以看到與蘇聯史學類似的觀點。1955 年出版的余元庵的《成吉思汗傳》，就認為成吉思汗在整個人類歷史上的地位與作用應予否定（上海人民出版社 1955 年版）。比余著《成吉思汗傳》更為突出的是尚鉞主編的《中國歷史綱要》，它比《成吉思汗傳》早出一年，是 1949 年以後編寫的第一部公開出版的完整的中國通史，當時影響不小。書中講了元滅南宋，然後説：「至此，全中國都陷於元蒙的黑暗統治下。但隨之而起的，是中國的英雄人民展開了持久而頑強的反侵略、反壓迫鬥爭，歷經八十九年，終於推翻元蒙野蠻而殘暴的統治，重建漢族的統一國家。」《綱要》認為，「元蒙入侵和統治……對中國社會的發展起了嚴重的阻滯作用」。《綱要》還把劉秉忠、姚樞、許衡等忽必烈身邊的漢族大臣，稱做「漢奸地主官僚士大夫分子」（人民出版社 1954 年版）。這樣的觀點不僅放在今天會使年輕的讀者感到驚訝，當年也曾引起許多異議。事情被推到極端，糾正起來反而比較容易。沒有幾年，這樣的觀點就從史壇上消失了。史學界對元代這段歷史在中國歷史發展

過程中的地位，有了比較多的共識，這就為六十年代初有關
成吉思汗問題的討論提供了基礎。由於當時的背景，那次討
論滲進了一點中蘇辯論的影響。

　　1962 年成吉思汗誕生八百年祭，中、蘇、蒙三國不約而
同地發表了有關文章。事過三十餘年，把這些文章再拿出來
看看，頗耐人尋味。

　　蘇聯的一篇題為《成吉思汗》，發表在權威性雜誌《歷史
問題》當年第五期上，作者是蘇聯科學院院士、歷史研究所
西班牙和英國史研究組組長、國際關係史和世界現代史專家
И · М · 邁斯基。僅從雜誌地位和作者擁有的頭銜就可以
知道，這是一篇指導性的文章。雖然作者並非蒙古史專家，
甚至文章中把成吉思汗的出身弄成了敵對的泰赤烏部，都不
影響其指導意義。下面是邁斯基文章的結論：

　　「勿庸置疑，成吉思汗是當時巨大的軍事活動家和國務
活動家。他的活動分兩個主要時期。第一個時期到 1206 年
止，成吉思汗對統一蒙古人的事業，對建立第一個早期封建
型蒙古國家的事業作出了一定貢獻。第二個時期從 1206 年
開始，從 1211 年後特別富有侵略性質，這時成吉思汗起的
是消極作用，……其標誌是數百萬人失掉生命，無數物質文
化珍品遭到破壞。這在很大程度上阻礙了被征服、被破壞國

家的社會經濟發展。……這種政策歸根結底也給蒙古國家本身的發展造成了損害。成吉思汗(及其繼位者)取得戰績,不是由於他個人的才智,而是由於外界的孱弱無力和分崩離析。……通觀成吉思汗的全部活動之後,必須肯定,這些活動整個說來對人類進步事業造成了很大的損害。」

　　同年 5 月 31 日,蒙古人民共和國《真理報》發表《最初的蒙古國家的締造者》一文,副題為《紀念成吉思汗誕生 800 週年》,作者是蒙古科學院歷史研究所所長什·納察格道爾只院士。報紙和作者的身份說明這也是一篇指導性文章。這篇文章有兩個基本觀點與上述邁斯基的文章相同,即肯定「成吉思汗建立蒙古統一國家的歷史作用」,否定成吉思汗「為侵略異國而進行的非正義的反動戰爭」。文章頗多感情色彩和現代語言,例如說成吉思汗「曾是一位光輝的組織者、傑出的政治活動家和偉大的統帥」,「成吉思汗的軍隊具有第一流的組織、紀律和技術裝備」,結論是「成吉思汗是在社會歷史上既起過進步作用、又起過反動作用的那些矛盾的歷史人物之一」。但是,文章的真正用意是劃清兩條政治界限:一條是「我們黨歷來反對那些企圖抹煞成吉思汗業績的封建階級性質、抹煞成吉思汗及其後人所進行的掠奪戰爭的反動作用的民族主義觀點,與之作了及時的堅決鬥爭」;另一條是

強調成吉思汗「奠定了蒙古國家獨立的始初基礎」，抨擊「帝國主義者和中國的蔣介石反動集團一直在用歪曲蒙古歷史、特別是歪曲成吉思汗的作用的手段，來企圖證實他們仇視我國獨立的侵略政策」，而「這種企圖是枉費心機的」。從這幾段文字不難看出文章作者的複雜心情和政治用意。熟悉那時蒙古人民共和國情況的人都知道，成吉思汗評價問題不是一個可以隨便討論的學術問題，的確有幾個政界和學界人物在這問題上栽了跟斗。該文對邁斯基文章的響應，也是顯而易見的。

這一年中國發表多篇研究成吉思汗的文章，限於本書篇幅，這裡只舉三篇，它們的作者分別是韓儒林、周良霄和楊志玖。

韓儒林的文章發表在《歷史研究》第三期上。那一年《歷史研究》是雙月刊，第三期出版於 6 月，一般地說，其上的文章早在兩個月以前就已排版了，不大可能是當月寫的。但是，中蘇兩國圍繞着成吉思汗問題的意見分歧早已存在，韓文又有強烈的針對性，所以看起來就像是衝着邁斯基的文章寫的。文章一上來就說：「近來有些歷史家完全否定了成吉思汗，特別是霸權主義者，他們一貫鄙視侮辱弱小民族，認為他們是劣等民族，只配供人驅使。為了消滅他們的民族

自豪感，霸權主義者把弱小民族歷史上的傑出人物也一一貶低否定，企圖使之甘心屈居殖民地的奴僕地位。對於成吉思汗，這些霸權主義者只片面地強調他的屠殺和破壞，強調各族一城一地抗戰的英勇，而對他在歷史上所起的進步作用，沒有作出正確的估價，這是不能令人同意的。」顯然，文章也把問題提升到政治的高度。接着，文章先後就「成吉思汗在蒙古民族歷史上、中國歷史上、世界歷史上所起的作用進行考察」。首先，文章肯定「成吉思汗的統一事業對蒙古族的形成是一個很大的貢獻」，「偉大的蒙古族在世界歷史舞台上起重要作用，是從成吉思汗開始的」。其次，文章肯定成吉思汗及其後人對中國「恢復統一，結束分裂」的作用，指出元代「至少在一定時期內，生產力確實年年有所增加」。第三，文章認為，從世界「歷史發展的趨勢看」，「成吉思汗打破封閉，給各族人民在經濟文化上創造互相交流互相學習的條件，……對社會發展起推動作用」。

　　韓儒林把成吉思汗的歷史作用分解為三的考察方法，後來為許多研究者沿用，但他在這三方面所做的結論，並不都被人接受。緊接在韓文之後，同年《歷史研究》第四期發表了周良霄的文章《關於成吉思汗》，《歷史教學》第十二期刊出楊志玖的文章《關於成吉思汗的歷史地位》。周文和楊文

都肯定成吉思汗統一蒙古所起的歷史進步作用，與韓文觀點
相同；對成吉思汗在中國歷史上所起的作用，兩文的看法也
與韓文大致相仿，只是在程度上互有出入。分歧主要是在西
征問題上，由對西征的看法不同，影響到對成吉思汗在世界
歷史上所起作用的評價。周文認為，「成吉思汗的西征是應
該否定的。西征使中亞地區不少繁華的城市遭到破壞，無數
無辜的人們被屠殺，對中亞人民造成巨大的災難。西征也加
重了我國各族人民的負擔。……長時期地把力量用在對西方
的戰爭，也推遲了國內的統一和恢復工作，加深了我國北方
的混亂。因此，西征不論是對外或者對內，對中亞人民或者
是對蒙漢人民都是有害的」。針對韓文，周文說：「有的歷史
學家從成吉思汗的西征削平了中西通道上的堡壘，促進了中
西文化交流來肯定其積極意義。這樣的說法也是不全面的。」
周文還指出：「蒙古統治者實際上並沒有把中亞以至西亞的
回教國家當作殖民地。回教地區的文化中心……不久又得到
了恢復和發展。……就原來經濟文化發展較高的伊利汗國而
論，特別是在合贊汗統治時期，無論是經濟、文化各方面都
達到一個繁榮鼎盛的時代。」楊文對西征的看法與周文基本
一致，認為「西征是應該基本否定的」，同時指出：「由於西
征所到的地區不同，西征所造成的殘破情況也不同，因此西

征的結果在各地區也不盡一致，不可一概而論。……無分析地認為西征使一切被征服的國家社會倒退，也是不公允的。另外，由西征而帶來的另一客觀效果，即中西交通的大開，中西文化、經濟的交流，民族的融合等，也不能完全忽視」。楊文的結論是：「成吉思汗對蒙古歷史的作用應該充分肯定，對中國歷史的作用應該基本肯定，只有對中亞諸地的作用才應該基本否定，而且其中情況複雜，還有若干積極的東西在內。就算把西征完全否定了，也不能因此就把成吉思汗在世界史上的地位全盤否定。因為所謂世界，是應該包括蒙古、廣大的中國以及西域地區的。……全面地衡量成吉思汗的一生，應該說，他的貢獻還是主要的，他在整個人類歷史上的地位是應該肯定的。」

　　以上三篇文章基本上反映了六十年代初那次討論的大致意見。事過三十年，回顧那次討論，有沒有留下問題呢？有，問題是在討論者據以判斷是非的準繩上。直率地說，我們的史學在評定成吉思汗的南侵與西征時採用了兩種不同的標準。試想一下，否定西征的理由是甚麼？無非是西征造成了極大的破壞。那麼，南侵就沒有造成極大的破壞麼？成吉思汗在西域實施的屠城行為，在南侵中就沒有實施麼？再想一下，肯定（或基本肯定）南侵的理由是甚麼？最主要的理

由是統一。但是，西征就沒有造成那些地區的相對統一麼？
上面我們已經介紹過，從帝俄時代的克柳切夫斯基到蘇聯初
期的波克羅夫斯基，都承認金帳汗國的統治促進了羅斯國家
的統一。比較一下成吉思汗西征前的狀態，察合台汗國和伊
利汗國的建立不也是促進了它們所在地區的統一麼？如果我
們承認這些都是事實，那麼接下來的問題就是，何以相同的
事實會得出不同的結論呢？原因很簡單，因為採用了不同的
衡量是非的準繩，我們的史學要把成吉思汗的南侵作為中國
的內部問題來處理，而把西征作為對外的問題。這樣一來，
就把我們推向一個老問題：成吉思汗是不是我們中國的汗？

　　早在 1934 年，魯迅就說過，他在二十歲的時候「聽說
『我們』的成吉思汗征服歐洲，是『我們』最闊氣的時代。到
二十五歲，才知道所謂這『我們』最闊氣的時代，其實是蒙
古人征服了中國，我們做了奴才。直到今年八月裡，因為要
查一點故事，翻了三部蒙古史，這才明白蒙古人的征服『斡
羅思』，侵入匈奧，還在征服全中國之前，那時成吉思汗還不
是我們的汗，倒是俄人被奴的資格比我們老，應該他們說『我
們的成吉思汗征服中國，是我們最闊氣的時代』的」（《隨便
翻翻》，見《且介亭雜文》）。撇開「闊氣」、「奴才」之類的話
不談，魯迅說的蒙古征服活動的時間先後，大致是不差的，

只是他把成吉思汗祖孫三代做的事情都放在成吉思汗的名義下講了。但是，魯迅畢竟是在寫雜文，他的話常常是繞着講的，不能直接按字面來理解。他其實是既不同意把成吉思汗說成是中國的汗，也不贊成把成吉思汗說成是俄國的汗，故而他對成吉思汗的南侵與西征都用了「征服」兩個字。所謂「征服」，總是對別的國家或別的民族而言的。我們必須面對歷史的真實。讀一讀 13 世紀蒙古族史詩《蒙古秘史》就會知道，那時的蒙古人只認為大蒙古國是自己的國家，無論是金、夏、南宋還是花剌子模、斡羅思，統統都是外國。對也可蒙古兀魯思的成吉思汗來說，西征與南侵是沒有區別的。今天我國境內的蒙古族作為中華人民共和國民族大家庭的一個平等的成員，是成吉思汗以後數百年間歷史發展的結果，就像蒙古族裔還分佈於其他國家、參加了其他國家的發展一樣。歷史的流程是自上而下的發展，古人是按他們那時的狀況區分內外的，我們不能用今天的觀念和國界去劃定古人的行為空間。如果我們的史學家能在這一點上達成共識，就會用同樣的標準來衡量成吉思汗祖孫三代對南對西的征服活動，我們的評論將會更加符合歷史實際。

六十年代以後，我國對成吉思汗家族征服活動史的研究，又取得許多進展，但在總的評價上，尚未徹底擺脫六十

年代那次討論的影響。所以我們舊事重提，以引起讀者的
思考。

　　　　本書由華夏出版社 1996 年初版。此次再版改正了
　個別錯字。

元及各汗國簡圖

責任編輯	陳　菲
書籍設計	彭若東
排　　版	高向明
印　　務	馮政光

書　　名	世界征服者：成吉思汗及其子孫
作　　者	楊訥
出　　版	香港中和出版有限公司 Hong Kong Open Page Publishing Co., Ltd. 香港北角英皇道 499 號北角工業大廈 18 樓 http://www.hkopenpage.com http://www.facebook.com/hkopenpage http://weibo.com/hkopenpage Email: info@hkopenpage.com
香港發行	香港聯合書刊物流有限公司 港新界荃灣德士古道 220-248 號荃灣工業中心 16 樓
印　　刷	美雅印刷製本有限公司 香港九龍官塘榮業街 6 號海濱工業大廈 4 字樓
版　　次	2022 年 1 月香港第 1 版第 1 次印刷
規　　格	32 開（130mm×195mm）200 面
國際書號	ISBN 978-988-8763-78-8 © 2022 Hong Kong Open Page Publishing Co., Ltd. Published in Hong Kong

本書由上海古籍出版社授權本公司在港澳台地區出版發行。